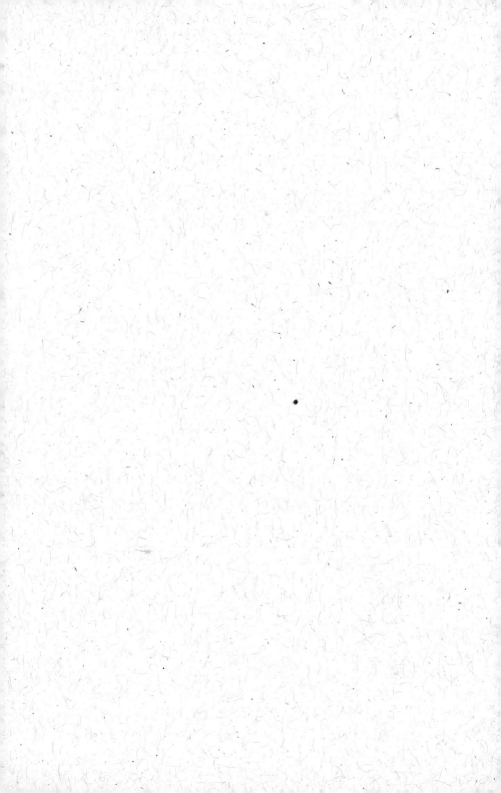

佛教的重要名詞解說

《佛教的重要名詞解說》蒐羅了一百多條重要的佛教名詞，以修行實用的立場出發，加以分門別類，並用深入淺出的文字重新詮釋，加上相關的整理圖表，讓遍含佛法智慧的重要名詞，為您開啟生命智慧的寶藏。

【十力】
瑜伽四十九卷十六頁云何如來十力？謂處非處智力、自業智力、靜慮解脫等持等至智力、根勝劣智力、種種勝解智力、種種界智力、遍行行智力、宿住隨念智力、死生智力、漏盡智力。如是十種如來智力。當知如廣十力經說。

【法界】
瑜伽九十四卷三頁云：此中所說阿羅漢者，通達十八界。即六識身、六境界、六根，此中所說名為法界。

【二解】
瑜伽六十六卷分別中說。

【阿羅漢】
一切事法增上名為法界。

【無漏法】
俱舍論一卷三頁云無漏云何？謂道諦及三無為。何等為三？虛空二滅。此虛空等三種無為，及道聖諦，名無漏法。所以者何？諸漏於中不隨增故。

【菩薩】
瑜伽十一卷三頁復次於諸法中，起利益安樂意樂增上力故，以菩提為所緣境。若求菩提，名為菩薩。

【無盡】
無性釋一卷二頁云菩薩於一切法，無所得故。不於諸法而生憶念，故名無盡。

◉——目錄

第三章　法義及總類名詞……099

目錄

第四章 修行相關名詞……199

第六章　菩薩道相關名詞……285

第八章　煩惱相關名詞……363

出版緣起

佛法的深妙智慧，是人類生命中最閃亮的明燈，不只在我們困頓、苦難時，能撫慰我們的傷痛；更在我們幽暗、徘徊不決時，導引我們走向幸福、光明與喜樂。

佛法不只帶給我們心靈中最深層的安定穩實，更增長我們無盡的智慧，來覺悟生命的實相，達到究竟圓滿的正覺解脫。而在緊張忙碌、壓力漸大的現代世界中，讓我們的心靈，更加地寬柔、敦厚而有力，讓我們具有著無比溫柔的悲憫。

在進入二十一世紀的前夕，我們需要讓身心具有更雄渾廣大的力量，來接受未來的衝擊，並體受更多彩的人生。而面對如此快速遷化而多元無常的世間，我們也必須擁有十倍速乃至百倍速的決斷力及智慧，才能洞察實相。

同時在人際關係與界面的虛擬化與電子化過程當中，我們也必須擁有更廣大的心靈空間，來使我們的生命不被物質化、虛擬化、電子化。因此，在大步邁向新世紀之時，如何讓自己的心靈具有強大的覺性、自在寬坦，並擁有更深廣的慈悲能力，將是人類重要的課題。

生命是如此珍貴而難得，由於我們的存在，所以能夠具足喜樂、幸福，因自覺解脫而能離苦得樂，更能如同佛陀一般，擁有無上的智慧與慈悲。這菩提種子的苗芽，是生命走向圓滿的原力，在邁入二十一世紀時，我們必須更加的充實。

因此，如何增長大眾無上菩提的原力，是〈全佛〉出版佛書的根本思惟。所以，我們一直擘畫最切合大眾及時代因緣的出版品，期盼讓所有人得到真正的菩提利益，以完成〈全佛〉（一切眾生圓滿成佛）的究竟心願。

《佛教小百科》就是在這樣的心願中，所規劃提出的一套叢書，我們希望透過這一套書，能讓大眾正確的理解佛法、歡喜佛法、修行佛法、圓滿佛法，讓所有的人透過正確的觀察體悟，使生命更加的光明幸福，並圓滿無上的菩提。

因此，《佛教小百科》是想要完成介紹佛法全貌的拚圖，透過系統性的分門別類，把一般人最有興趣、最重要的佛法課題，完整的編纂出來。我們希望讓《佛教小百科》成為人手一冊的隨身參考書，正確而完整的描繪出佛法智慧的全相，並提煉出無上菩提的願景。

佛法的名相眾多，而意義又深微奧密。因此，佛法雖然擁有無盡的智慧寶藏，對人生深具啓發與妙用，但許多人往往困於佛教的名相與博大的系統，而難以受用其中的珍寶。

其實，所有對佛教有興趣的人，都時常碰到上述的這些問題，而我們在學佛的過程中，也不例外。因此，我們希望《佛教小百科》，不僅能幫助大眾了解佛法的名詞及要義，並且能夠隨讀隨用。

《佛教小百科》這一系列的書籍，期望能讓大眾輕鬆自在並有系統的掌握佛教的知識及要義。透過《佛教小百科》，我們如同掌握到進入佛法門徑鑰匙，得以一窺佛法廣大的深奧。

《佛教小百科》系列將導引大家，去了解佛菩薩的世界，探索佛菩薩的外相、內義，佛教曼荼羅的奧祕，佛菩薩的真言、手印、持物，佛教的法具、宇宙觀……等等，這一切與佛教相關的命題，都是我們依次編纂的主題。透過每一個主題，我們將宛如打開一個個窗口一般，可以探索佛教的真相及妙義。

而這些重要、有趣的主題，將依次清楚、正確的編纂而出，讓大家能輕鬆的了解其意義。

在佛菩薩的智慧導引下，全佛編輯部將全心全力的編纂這一套《佛教小百科》系列叢書，讓這套叢書能成為大家身邊最有效的佛教實用參考手冊，幫助大家深入佛法的深層智慧，歡喜活用生命的寶藏。

佛教的重要名詞解說——序

一般人在初接觸佛教時，常有面對許多陌生的佛教名詞，卻不得其門而入的苦惱，即使查閱相關辭典，所使用的文字對現代人而言仍嫌艱澀，不易了解。這往往使得許多想認識佛教的朋友，不知如何趣入，而對有心想依止經典修持的修行者，也常礙於名詞的不了解，無法正確掌握要義，非常可惜。有鑑於此，而有本書出版的因緣。

佛教是以智慧為導向的，雖然有令人歎為觀止的龐大思想理論體系，但是佛法的重點卻不在於此。事實上，佛陀所宣說的一切教法經典，無一不是為了讓眾生修行悟道，圓滿成佛。

由於現代的修行者無法親炙佛陀修學，只能依據佛陀所留下的法身智慧——經典來修持，因此，正確的掌握佛教名詞的意義，更加的重要。因此，在編纂此書時，我們希望回歸佛陀的根本精神，以修行、實用的立場出發，輔之以淺顯易懂的文字來編纂此書，，希望它不僅是一本實用的佛教辭書，更是能幫助大家掌握修行名相正確義理的修行辭書。

本書蒐羅了一百多條佛教的重要名詞，可以說是從剛開始學習佛法一直到圓滿成佛都用得到的名詞。我們將這些名詞大致分為八類：

一、佛教教團相關名詞：這是關於對佛教教團的整體認識的名詞，如：「大乘佛教」、「小乘佛教」、「三寶」等名詞即屬此類。

二、佛陀相關名詞：這是與佛陀相關的名詞，包括了佛陀的名號（如來十號）、身相的特徵（三十二相、八十隨形好）、特有的德行（十力、十八不共、四無所畏）、佛陀的淨土（佛土）……等相關名詞，皆屬此類。成佛是一切學佛者最終的目標，透過認識佛陀，我們可以看到佛法圓滿的具體實踐成果，也顯現了修行者未來成佛的圓滿境地，確立學佛的遠大目標。

三、法義及總說名詞：這個部份包含了佛教基本的法義及總說類的名詞如：「三法印」、「四諦」、「十二因緣」、「法界」、「實相」、「真如」等佛法基本之法義，以及「三藏」、「宗派」、「苦行」、「頭陀行」等佛教的總說類名詞。

四、修行相關名詞：此類為與修行相關的名詞，如：「八正道」、「三十七道品」、「三三昧」、「五停心觀」等名詞皆屬此類。此類名詞除了對修行的法門加以綜攝，對其中的修行次第也有清楚的解說，使大家在經典中閱讀到相關名詞時，能更精確的掌握修行的方法及修學次第，在修行上迅速增長圓滿。

五、教眾類名詞：這是關於佛弟子的不同類型，如「十大弟子」、「十八羅漢」、「五百羅漢」、「四眾」、「聲聞」、「緣覺」皆屬此類。

六、菩薩道相關名詞：本章是介紹和菩薩道有關的名詞。依智慧修持悟道，是佛教修行人的共通學分，而除了自身的悟道之外，佛法中還有另外一類發大心的菩薩行者，心心念念以度化眾生為要。本章包括了和菩薩道相關的名詞，如菩薩、菩薩所行持的方法（六波羅蜜、四攝法）及常見的菩薩都於此處介紹。

七、世界的相關名詞：本章是介紹和我們所生存的世界相關的名詞，從佛教的觀點來看世界，和我們習慣的世界有何不同？如何成為修行的因緣？此類名詞包了我們自身的構成，及與外境的對應（五蘊、十二處、十八界），及時間、空間及其他生命的存有型態（劫、世界、四生、二十五有的名詞）。

八、煩惱相關名詞：這是特別針對生命自身煩惱觀察的相關名詞，其中包括了煩惱的根源（無明、愛）煩惱的種類（二障、十不善業、三毒、五蓋）皆屬此類名詞。當我們清楚的觀察煩惱的作用，掌握了煩惱生起的路徑，也就是智慧開啓的契機。

以上這八種分類，大致上已經將佛法中各個面向重要名詞綜攝於此，這些都是從初發心學佛到圓滿成佛都用得到的名詞。本書的辭目順序，大類之下的辭目主要以筆畫來排序，在本書末並附上本書名詞索引總表，以筆劃來查尋方便讀者查閱。無論是剛開始學習佛法的朋友們，還是長久修學佛法的朋友們，希望本書都能陪伴著大家，在學習佛法的道上，吉祥圓滿！

第一章 佛教教團相關名詞

大乘佛教

◆以度化一切眾生圓滿成佛為宗旨的佛教

「大乘」（mahāyāna），「乘」是指車子，或泛指交通工具，「大乘」的意思，就是指大型的交通工具。

這是指不以個人之覺悟為滿足的修行者，發起大願心的人，心心念念繫於救度眾生，就如同巨大的交通工具，可以乘載無量眾生到涅槃的彼岸。以此為宗旨之佛教，即稱為「大乘佛教」。

大乘佛教是在印度在部派佛教之後所發展出來的新興佛教運動。而大乘佛教的興起的因緣，早在部派佛教時期「上座部」與「大眾部」的分裂時就開始萌芽。

當時部派佛教雖然有革新派與保守派之別，但大多固守教理與戒律的形式，在時空環境的變動下，無法依據佛法的精神與時俱進，逐漸停滯僵化，而與一般民眾形成藩籬，因此而有革新派的興起，逐漸興起革新運動，這些推動者就自稱其教團為「大乘」或「菩薩乘」，而稱傳統保守的佛教為「小乘」或「聲聞乘」。

大乘與小乘的不同，我們可以從下表中來加以比較：

內容	大乘	小乘
修行趣向	度化一切眾生使其成佛	以自身解脫為主
修行最高目標	圓滿成佛	證得阿羅漢果位
對輪迴的態度	為救度眾生，誓願入於輪迴，不畏生死	解脫業報輪迴之苦
教眾	以在家居士為主	以出家眾為主

三寶（指佛、法、僧）

◆佛教的整體內容

三寶（梵 tri-ratna）就是指佛、法、僧三者，可以說是佛教的整體內容。

佛（buddha），是指圓滿覺悟法的人，在歷史上則是指人間佛教的開啟者釋迦牟尼佛。而在經典中也有無數過去、現在、未來的佛陀，以及他方世界的佛陀，一般常見的則有釋迦牟尼佛、阿彌陀佛、藥師佛等佛陀。

法（dharma），是宇宙的實相，也指佛陀宣說的教法，依之而行能止息生命不斷輪迴的痛苦煩惱，到達恆久安穩快樂的涅槃之境界。

法除了法的教義內容，還包括了其流傳的形式，也就是用語言文字表現，書寫印刷出來的經典之類，都可稱為法寶。

僧（samgha），義譯為「和合眾」，是指修學正覺真理的團體，他們學習實踐佛陀的教導，除了自身修道之外，也肩負著教法弘揚流傳的責任，教化民眾，是三寶的具體顯現，是正法的承續。因此，廣義而言，僧寶並不只侷限於出家僧團，出家僧是屬於「住持僧」，是佛法住世的象徵。除了「住持僧」之外，還有依法的證悟所說，也就是證得聲聞、緣覺果位的「聖賢僧」，和依大乘法門修證成就的「菩薩僧」。由此可知，僧寶除了外在的型式象徵之外，更重要的是依法而實踐、證悟，並不只單指出家僧團。

佛陀在世時，佛陀本身就是佛寶，佛所說的教理就是法寶，佛陀弟子如比丘、比丘尼等出家僧團就是僧寶。這樣的三寶又稱為「現前三寶」。

佛陀滅度之後，其舍利、舍利佛塔則被視為佛寶，法寶則是書寫記錄的文字經典，僧寶則是指比丘、比丘尼等出家僧團，或是任何依止佛法正理而行的團體。這樣的三寶又稱為「住持三寶」，也就是在佛陀滅度後，住持世間的三寶。

其實，佛、法、僧三者是一體的，任何一者都含攝其他二者，不可能獨立存在，因此，又有所謂的「一體三寶」。例如，佛陀所覺悟之內容為法，安住於法，依法而行，是法的實踐者，是僧的圓滿目標。法因為佛陀的證悟、僧的實踐弘揚而彰顯，僧依佛陀的教導，依法而行，圓滿悟道，三者是一體不可分，這是「一體三寶」的意義，也就是佛教具體內容的展現。

三乘（菩薩乘、緣覺乘、聲聞乘）

◆適應三種不同根器眾生的三種法門

三乘（梵 triṇi iyānāni）是指適應三種不同根器眾生的三種法門。「乘」字的原意是交通工具，此處用來譬喻運載眾生渡生死苦海至涅槃彼岸的三種法門，就是「聲聞乘」、「緣覺乘」與「菩薩乘」。其中，菩薩乘也可稱為「佛乘」。

聲聞乘是指專門為聲聞說的教法。聲聞，意譯作弟子，是指聽聞佛陀言語聲教而證悟的出家弟子，所以稱為聲聞。聲聞後來與「緣覺」、「菩薩」相對，而成為二乘或三乘之一。他們觀察苦、集、滅、道四諦的法理，修習三十七道品，斷除見、修二種迷惑，次第證得四種法門的果位而證入無餘涅槃的人。

緣覺乘，指緣覺行人的教法。緣覺音譯為「辟支佛」，又稱「獨覺」，指獨自悟道的修行者。也就是在今生中，不必經由佛陀教導，能無師獨悟，生性好樂寂靜而不事說法教化的聖者。聲聞與緣覺，稱為二乘；如果再加上菩薩，則稱為三乘。緣覺的種類，又可分為「部行獨覺」及「麟角喻獨覺」二種。

「部行獨覺」是指聲聞時已證得三果不還果，而欲達四果阿羅漢果時，離佛自修自悟者；麟角喻獨覺指獨居修行一百大劫，而具足善根功德的覺者。「部行獨覺」的得名，則由於其在聲聞修行之際，多居僧團中生活；「麟角喻獨覺」則是獨自於山間、林下修行，不結伴侶，獨自一人，所以以麟角為比喻。

菩薩是發大菩提心，誓願救度一切眾生成佛的大心眾生，依此大悲的誓願，以佈施、持戒、忍辱、禪定、精進、智慧等六種能使眾生到達涅槃彼岸之法為實踐內容，自覺覺他，這樣的教法被稱為「菩薩乘」，也就是「大乘」。

除了三乘之外，還有「五乘」，即三乘加上「人乘」、「天乘」。

五乘是指運載眾生到善處的五種法門，一般所說的五乘：是在三乘外再加上人乘、天乘。

五乘的力量有大小，就好像交通工具不同，所能抵達目的地也有遠近之分：

人乘，是指三歸五戒的教法，依此法而行，不會入於地獄、餓鬼、畜生等三惡道，生於人道。人乘法就像小艇，只能越過谿澗。

天乘，是指上品十善，及四禪八定之法，依此而行，能載眾生超越這個世界，達於天上的世界。天乘法猶如小船，能越過小的江河。

聲聞乘，指四諦法門，緣覺乘是指十二因緣法門，依聲聞和緣覺乘之法而行，都能超越輪迴的世界，成就阿羅漢及辟支佛果位。因此聲聞乘和緣覺乘的教法就如同大船，能超越大江河。

菩薩乘，指慈悲智慧等六度法門，運載眾生超越輪迴的世界及三乘的境界，到達無上菩提大般涅槃之彼岸，圓滿成佛猶如乘船能度過大海洋。

依人乘法行持，投生於人道，不會落於地獄、餓鬼、畜生，等三惡道；依天乘法行持，則能生於天道；依聲聞、緣覺乘行之，則稱為聲聞行者、緣覺行者；依菩薩道而行者，則稱為菩薩行者。這五乘法包含了佛法從世間的善法到出世間解脫、成佛的善法。

部派佛教（小乘佛教、南傳佛教）

◆佛陀入滅後，進入分裂時期的佛教

「部派佛教」，指佛陀滅度後，逐漸進入分裂時期的佛教，也就是一般所說的「小乘佛教」。

「小乘佛教」是「大乘佛教」的對稱，又作南傳佛教、南傳上座部佛教。所謂小乘（hī-nayāna），意思是指採用劣小的交通工具馳向涅槃之彼岸；不強調救度眾生，只專心致力於自己的道業。

「小乘佛教」之稱，是自認為是菩薩佛教的大乘家，對長老上座的聲聞佛教的貶稱，因此，小乘方面，從來不承認自己是小乘。如果以歷史角度來看，則對小乘佛教的正確稱呼，應該稱之為「部派佛教」。

佛陀涅槃後的百餘年間，佛教教團一直都是和合一致的。後來發展到印度各地之後，漸漸在經典與教理的解釋上，產生不同的見解，日常的生活所依止的戒律，也由於受到各地氣候風土與民俗文化的影響而產生變化。

到了公元前二〇〇～三〇〇年間，佛教逐漸分裂，而進入所謂的「部派佛教」的時期。佛教教團首度分裂成「上座部」及「大眾部」二根本部派。不久，大眾部再分裂成七～八部，上座部分裂成十一～十二部，至公元紀元前後，兩部共計分裂成為十八部或二十部的部派佛教。

印度在阿育王時代開始時，佛教即產生部派分裂，各部派均傳持各自的三藏，特別是論藏方面，往往可顯示出自派的教理特質。但是，在紀元前後，尤其是貴霜王朝以後，部派佛教中的革新派及若干守護佛塔的在家佛教徒，發起了大乘佛教運動。他們將部派佛教貶稱為「小乘」，而稱自己為「大乘」，這就是「大乘」、「小乘」的由來。

第二章 佛陀相關名詞

十八不共

◆佛陀獨特具有的十八種德行

「十八不共」（a ādaśaāvenika-buddha-dharmā）是指佛陀的十八種特有的德行。「不共」是獨特、獨有的意思，是指一般世間人乃至聲聞、緣覺、菩薩都尚未具足，只有佛陀獨特所有的十八種功德。

小乘佛教和大乘佛教對佛陀的十八不共有不同的看法。

小乘的十八不共法指的是：佛陀的十力、四無畏、三念住與大悲。

所謂佛陀的十力是：

(1)處非處智力：辨別正確之道理與非道理的智慧力。

(2)業異熟智力：如實的了知善惡業及報果的智慧力。

(3)靜慮、解脫、等持、等至智力：體證熟練四禪、八解脫、三三昧等至等各種禪定的智慧力。

(4)根上下智力：如實了知眾生根器之高下優劣等智慧力。

(5)種種勝解智力：如實了知眾生種種意欲傾向的智慧力。

(6)種種界智力：如實了知眾生的世界與性類差異的智慧力。

(7)遍趣行智力：如實了知依據何種修行就可進入何種境界的智慧力。

(8)宿住隨念智力：正確的了知眾生過去宿世的智慧力。

(9)死生智力：正確了知眾生未來一切的智慧力，這是佛的天眼通。

(10)漏盡智力：一切煩惱障礙都消除淨盡而開悟成佛的智慧力，這是佛的漏盡通。

「四無畏」，又稱為「四無所畏」：

⑴一切智無畏：佛自知是一切智者而無所畏懼。

⑵漏盡無畏：佛自知一切煩惱障礙都斷盡而無所畏懼。

⑶說障道無畏：佛說煩惱與業障礙諸法時都無所畏懼。

⑷說盡苦道無畏：佛陀在宣說種種滅除煩惱與苦果的修道法時，無所畏懼。

所謂「三念住」是佛在任何時候，都具有正念正知的狀態。

⑴第一念住：當眾生信奉佛陀時，佛不會特別生起喜心，他安住於這樣的正念正知之中。⑵第二念住：當眾生不信奉佛陀，佛陀也不會生起憂慮之心，他安住於這樣的正知正念之中。⑶第三念住：有的眾生信奉佛陀，有的眾生誹謗佛陀時，佛陀也不會因此而歡喜或憂慮，安住在這樣的正知正念中。

而大乘的十八不共法，各經中所說的略有不同，一般的說法是如此：

⑴身無失：身行為沒有過失。⑵語無失：語業沒有過失，即一切言語沒有過失。⑶意無失：不失念、沒有心念、意念的過失。⑷無異想：對一切眾生都平等

無高下。⑸無不定心：不會有散亂不定的心。⑹無不知捨心：沒有不知眾生與捨棄眾生的心。⑺信無減：對無住涅槃具有純正不壞的淨信心。⑻欲無減：對無住涅槃的志趣意念不減退。⑼精進無減：在一切時都精進而不退減。⑽慧無減：一切利益眾生的智慧不退減。⑾解脫無減：入於無上解脫後不會退減。

⑿解脫知見無減：能使眾生入於解脫的解脫知見不會減退。⒀一切身業行為隨智慧行。⒁一切言語業隨智慧行。⒂一切心念意業隨智慧行。⒃過去知見無著無礙。⒄未來知見無著無礙。⒅現在知見無著無礙。

以上⒃～⒅三者，是說佛陀對過去未、來現在的一切法，都能平等的知悉，不會執著有所障礙。

十八不共法，是小乘的修行者和大乘的修行者，所觀察出佛陀十八種特有的德行，讓修行者心生嚮往而學習之。

十力（如來十力）

◆佛陀十種智慧之力

十力（梵 daśabalāni）是指佛陀所具足的十種智慧之力，又稱為「如來十力」、「十神力」，是佛陀十八種不共的特德之一。

這十力分別是：

⑴處非處智力：處，指道理；這是說佛陀對一切因緣果報都審實能知。例如：作善等，即知其定得樂報，稱為「知是處」，如果作惡業，則知其得樂報「無有是處」，稱為「知非處」。如是種種，完全遍知，對一切因緣果報都能如實了知。這背後蘊含著很大的悲心，才能參與這樣的緣生現象，完全恰當的了知，恰當實踐，所以佛陀可說是真正的「聖之時者」。

⑵業異熟智力：指如來如實了知眾生過去、現在、未來三世業報的複雜因果關係，了知善業、惡業及果報的力量。未來並非命定、註定，而是依現實的條件

看未來可能的結果。佛陀能了解因緣果報的力量，在何種因緣條件下會產生何種外相。

⑶靜慮解脫等持等至智力：指如來於諸禪定自在無礙，對其深淺次第也能如實遍知。

⑷根上下智力：如來如實知悉眾生根機的勝劣差別，並對其能證得果位之大小皆能了知而能用種種適性的教法，施予最佳的教導。

⑸種種勝解智力：又稱為「知眾生種種欲智力」，如來如實了知眾生的種種樂欲性向，而能隨順眾生的喜好、傾向，給予不同教化方便。

⑹種種界智力：眾生有六道的差別，國籍、種族、階級等不同差異，這是指如來如實了知世間種種不同眾生的文化習性，能給予最適切的教導。

⑺遍趣行智力：又稱為「智一切至處道智力」，這是指一切眾生所趣之處，無論是在六道輪迴中，還是入於解脫涅槃之境，佛陀都能如實了知。

⑻宿住隨念智力：又稱為「宿命無漏智力」，是說如來能如實了知過去世種種事之力：如來於種種宿命，一世乃至百千萬世，一劫乃至百千萬劫，死此生

彼，死彼生此，姓名飲食、苦樂壽命，都能如實遍知。

⑼生死智力：又稱為「知天眼無礙智力」，這是指如來能以天眼如實了知眾生死生之時與未來投生的善道、惡道，乃至美醜貧富等善惡業緣。

⑽漏盡智力：又稱為「知永斷習氣智力」，這是指如來於一切迷惑剩餘的習氣分永斷不生，能如實遍知。

在《華嚴經》中也有提到菩薩的十力：深心力（直心力）、增上深心力（深心力）、方便力、智力（智慧力）、願力、行力、乘力、神變力（遊戲神通力）、菩提力、轉法輪力等。

在世間也有十力，則是指世間十種大力量，例如王者無上的權力、大臣決斷事情的能力、機關工巧力（科技的力量）、嬰兒宏亮哭泣的力量……等十種世間十種大力量。

特別舉出佛陀的十種智慧力，代表其智慧深廣，力量之弘大。

八十隨形好（八十種好）

◆佛身具有的八十種微妙色相

八十隨形好（梵 asīty-anuvyañjanāni）是指佛陀色身具有的八十種妙相，是三十二相好之外的微細妙相，又稱為八十種好、八十隨好、八十小相。

佛陀的色身所具足的殊勝形相中，三十二相明顯而易見，稱之為「大相」，而八十種好則較微細難見，所以稱為「小相」或「隨相」。轉輪聖王也能具足三十二相，但是八十種隨形好則只有佛陀才能圓滿具足。

有關八十種好的順序與名稱，有各種異說。依據《大般若經》中所記載，八十種好是指：⑴指爪狹長，薄潤光潔。⑵手足之指圓而纖長，柔軟。⑶手足各等無差，諸指間皆充室。⑷手足光澤紅潤。⑸筋骨隱而不現。⑹兩踝俱隱。⑺行步直進，威儀肅穆如龍象王。⑻行步威容齊肅如獅子王。⑼行步安平猶如牛王。⑽進止儀雅宛如鵝王。⑾迴顧必皆右旋如龍象王之舉身隨轉。⑿肢節均勻圓妙。⒀

骨節交結猶若龍盤。(14)膝輪圓滿。(15)隱處之紋妙好清淨。(16)身肢潤滑潔淨。(17)身容敦肅無畏。(18)身肢健壯。(19)身體安康圓滿。(20)身相猶如仙王，周匝端嚴光津。(21)身之周匝圓光，恆自照耀。(22)腹形方正、莊嚴。(23)臍深右旋。(24)臍厚不凹不凸。(25)皮膚無疥癬。(26)手掌柔軟，足下安平。(27)手紋深長明直。(28)唇色光潤丹暉。(29)面門不長不短，不大不小如量端嚴。(30)舌相軟薄廣長。(31)聲音威遠清澈。(32)音韻美妙如深谷響。(33)鼻高且直，其孔不現。(34)齒方整鮮白。(35)牙圓白光潔鋒利。(36)眼淨青白分明。(37)眼相脩廣。(38)眼睫齊整稠密。(39)雙眉長而細軟。(40)雙眉呈紺瑠璃色。(41)眉高顯形如初月。(42)耳厚廣大脩長輪埵成就。(43)兩耳齊平，離眾過失。(44)容儀令見者皆生愛敬。(45)額廣平正。(46)身威嚴具足。(47)髮脩長紺青，密而不白。(48)髮香潔細潤。(49)髮齊不交雜。(50)髮不斷落。(51)髮光滑殊妙，塵垢不著。(52)身體堅固充實。(53)身體長大端直。(54)諸竅清淨圓好。(55)身力殊勝無與等者。(56)身相眾所樂觀。(57)面如秋滿月。(58)顏貌舒泰。(59)面貌光澤無有顰蹙。(60)身皮清淨無臭，常無臭穢。(61)諸毛孔常出妙香。(62)面門常出最上殊勝香。(63)相周圓妙好。(64)身毛紺青光淨。(65)法音隨眾，應理無差。(66)頂相無能見者。(67)手足指網分明。(68)

行時其足離地。(69)自持不待他衛。(70)威德攝一切。(71)音聲不卑不亢，隨眾生意。(72)隨諸有情，樂為說法。(73)一音演說正法，隨有情類各令得解。(74)說法依次第，循因緣。(75)觀有情，讚善毀惡而無愛憎。(76)所為先觀後作，具足軌範。(77)相好，有情無能觀盡。(78)頂骨堅實圓滿。(79)顏容常少不老。(80)手足及胸臆前，俱有吉祥喜旋德相（即卍字）。

三十二相

◆佛身具有的三十二種相好特徵

三十二相（梵 dvātriṃ śan mahā-puruṣ a-lakṣ aṇāni），指佛陀身所具足的三十二種微妙相好特徵，顯現佛陀由內在的佛德號到外在的身像都是完全圓滿的。三十二相是佛身較明顯的相好，八十隨形好是較為細密的相好。佛身的三十二相分別是：

1.足下安平立相：這是指佛陀的足底氣機飽滿，如同嬰兒，足下平坦而善安住，即使走在不平坦的路上，都像有天然的氣墊一般安穩舒適。這種相好象徵佛陀平等及廣大實踐的特德。

2.足下千輻輪相：這是指佛陀足底有千輻輪寶的紋路分明，輞轂等一切妙相悉皆圓滿。此種相好是佛陀為眾生破除一切障礙，具足福德的象徵。

3.長指相：又稱「纖長指相」，指佛陀的手指又直又長，這是因為佛在因位合掌恭敬禮拜師長、破除憍慢所感得的妙相。手指纖長代表氣血通順，健康良好，壽命長遠，為眾生所愛樂歸依。

4.足跟廣平相：佛陀的足跟圓滿廣平，這是由於佛陀在因位勤修持戒、聞法、佈施等行，感得的妙相；象徵壽命長遠及化育盡偏遠邊地及未來際眾生的德行。

5.手足指縵網相：佛陀的手足之一一指間有網縵猶如雁王之蹼，其色金黃，其紋路如綾羅。這是因為佛在因位常修佈施、愛語、利行、同事等四攝法，由攝取眾生而感得的妙相。

6.手足柔軟相：佛陀的手足極為柔軟，猶如兜羅錦，質地柔軟，其色赤紅。這是由於佛在因位以上妙衣服、飲食、臥具供養事奉師長而感得的妙相；象徵佛陀以慈悲柔軟之手平等攝取眾生之德。

7.足趺隆起相：佛陀的足背高起而圓滿柔軟，其形如龜背甲，行步時現印文。這是佛在因位修福精進勇猛而感得的妙相，代表利益眾生大悲無上之內德。

8.腨如鹿王相：指佛之股骨纖圓，猶如鹿王之腨。由於佛在因位專心聞法、演說妙法而感得之相；表見者歡喜讚嘆，修學速疾，消滅一切罪障之德。

9.正立手摩膝相：佛陀雙臂修直，立正時兩手垂膝，譬如白象平立其鼻至膝順。這是佛陀離我慢而感得的妙相；代表佛陀哀愍摩頂眾生之德。

10.馬陰藏相：佛陀以男身證道，永斷淫欲，因而其男根密藏於體內如馬陰。這是佛陀在因位修慚愧斷邪淫，覆藏他人過失，見怖畏者救護而感得的妙相。此相表示佛陀已經超越欲望，壽命長遠。

11.身廣長等相：佛陀的身材是黃金比例，高矮、胖瘦恰到好處，令見者歡喜。此相象徵佛陀已證得圓滿之身。

12.毛上向相：印度以右旋為尊貴之相，因此佛陀的頭髮、汗毛，由頭至手足一切毛端皆上靡、右旋，其色紺青柔潤。能令瞻仰之眾生心生歡喜，得益無量。

13.一一孔一毛生相：佛陀身上每一毛孔生一毛，其毛青琉璃色，一一毛孔出微妙香氣，表示即使在如此微細之處也不散亂，每一個毛孔都是圓滿的。

14.金色相：這是指佛陀身體皮膚皆為真金色，使瞻仰的眾生愛樂而不厭捨，滅罪生善。

15.大光相：佛陀的身光能任運普照三千世界，有特殊因緣甚至可以照耀無量無邊世界，但是為了示現在一般人能承受的範圍內，佛陀將身光收攝為直徑一尋；也就是通身光明常照之相。

16.細薄皮相：佛陀全身的皮膚細薄潤澤，一切塵垢不染。代表佛以平等無垢之大慈悲化益眾生之德。

17.七處隆滿相：佛陀的兩手、兩足下、兩肩、頸項等七處，平滿清淨，光明柔軟，不像一般人的身體此七處都是凹陷不平滿。

18.兩腋下隆滿相：佛陀腋下平滿無虛，不像一般人凹陷且脆弱。這是佛陀在因位時，施與眾生醫藥飯食，復自看護病人而感得的妙相。

19.上身如師子相：佛陀上半身廣大，行住坐臥威容端嚴，恰如師子王。代表威容高貴、慈悲滿足之德。

20.直身相：佛身廣大，端直無比，在一切人類身中最為端正平直，能令見聞者生起正念、止苦，修十善行、身心安穩。

21.肩圓好相：佛陀的兩肩平整、圓滿豐腴，能令見聞者樂愛而無厭足。

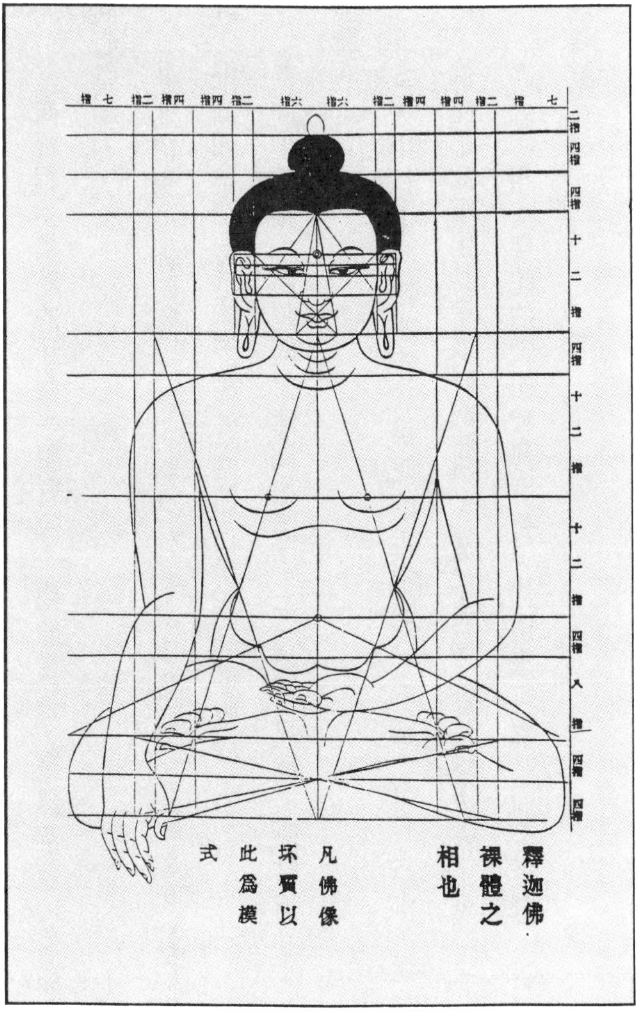

佛陀的相好

22.四十齒相：佛陀有四十顆牙齒，齊等平滿，白如珂雪。象徵佛陀語業清淨以和合語攝取眾生，能常出清淨妙香，令見者出生佛所受無量之樂。

23.齒齊相：佛陀的牙齒平整齊等，齒間密接，毫無空隙。象徵清淨和順能得同心眷屬。

24.牙白相：佛陀除了四十齒之外，上下各有二牙，顏色鮮白光潔，銳利如鋒，堅固如金剛。代表佛陀能摧破一切眾生強盛堅固之三毒。

25.師子頰相：佛陀兩頰隆滿如師子王，能令見聞者除滅百劫生死之罪，面見諸佛。

26.味中得上味相：由於佛陀的舌根完全放鬆，沒有舌苔，無論任何食物入口，佛陀都能嚐出其中最好的味道。這代表佛之妙法能令眾生滿足志願之德。

27.大舌相：佛陀的舌頭軟薄廣長，伸出來可覆其面至髮際。這是象徵佛陀所說皆誠實語。

28.梵聲相：佛陀說話的聲音猶如清淨之梵音，洪聲圓滿如天鼓響，令聞者愛樂。這是佛陀在因位時，於無量世中不惡口、說實語、柔美語，遠離粗惡語而感得此妙相。

29.真青眼相：印度人以青眼最美，所以佛陀的眼睛為紺青色如青蓮華，眼白如嬰兒般呈淡藍色。特別的是，佛陀在說法時，法會上的每一個眾生都會覺得佛陀在看他。

30.牛眼睫相：佛陀的眼睫毛修長齊整而不雜亂，猶如牛王。

31.頂髻相：佛陀頂上肉髻隆起，其形如髻。象徵應眾生的根機而示現其形，演說妙法之德。

32.眉間白毫相：佛陀眉間有白毛，柔軟如兜羅綿，其色雪白，光潔清淨，長一丈五尺，右旋捲收。觀此相者，可除卻百億那由他恆河沙劫之生死罪。

古代印度的轉輪聖王也有三十二相，但在微細度上卻有差別，而且轉輪聖王的三十二相僅是福報所致，並非以修行佛德成就，不像佛陀是在生理和心靈境界同時圓滿。

三不護

◆身、語、意不護

三不護（梵 triṇi tathāgatasyārak yāni）是指身不護、語不護、意不護等三不護。這是指如來之身、口、意業，完全清淨無過失，不須特加防護。如果再加上「命不護」則稱為「四不護」，這是說如來之生活從內在到外在，本自清淨，不須特加護。佛陀與阿羅漢不同，阿羅漢的三業雖然清淨，然仍須常加防護，才能離於過失。

三身（法身、報身、化身）

◆佛陀的法、報、化三身

佛陀的身是依於圓滿的佛德所展現，因此佛身的內涵可說是佛陀種種特德的具體表現。

關於佛身的說法，有二身說、三身說、四身說等三種說法。

三身說有很多種，一般的說法是指：⑴法身、報身、應身三身。⑵自性身、受用身、變化身的三身說。四身說則是將第一種三身說分為應身與化身而成為法身、報身、應身、化身等四身。另外一說是將第二說中之「受用身」一項分為自受用身與他受用身，而成為自性身、自受用身、他受用身、變化身等四身。

其中最為普遍的三身的意義如下：

法身，將佛陀所說的真理加以人格化而形成的佛陀，就是法身。最初在原始佛教與部派佛教主張有「五分法身」，包含「戒」、「定」、「慧」、「解脫」、「解脫知見」等五種教法身。在這種情形下的法身，指的是「法的集聚」。其中的「身」（kāya）是「集聚」的意思，和「身體」的「身」，意義不同。例如《佛遺教經》中，佛陀說：「自今已後，我諸弟子，展轉行之，則是如來法身常在而不滅也。」

到了大乘佛教時代，更將宇宙的實相之理——「法」，加以人格化，而將真理的體現者佛陀之身稱為「法身」。這並不是透過修行而證果的佛陀，而是本來法爾（自然）存在的理佛。可是這個法身也不只是理法而已，而是理智不二的。在這層意義之下，我們可以了解到「法身」三層意義：*1.*做為教法的一種純粹的理，*2.*這個理成為理想佛身的理佛，*3.*理之中包含智，具有任運無作之廣大作用的佛身。

一般所指的法身佛主要是第三種意義而言。像密教中將大日如來，和《法華經》〈如來壽量品〉中所說的常住在靈鷲山的釋迦牟尼佛等，都是指法身佛。

報身，又譯為「受用身」，又稱為「等流身」。從法界等流而來的佛身，也就是等同法界而流入的理想佛身之謂。所謂報身是指菩薩經過波羅蜜的修行與誓願的完成，而得到報果後成為完全圓滿的理想的佛陀，又稱為「受用身」，是指受用善根功德報果的佛身。受用身又分為「自受用身」與「他受用身」，他受用身是指為眾生示現，而指導教化眾生的佛陀。另也有一種說法：即真正的報身只有自受用身；他受用身是屬於「應身」（化身）。

著名的報身佛示現有阿彌陀佛、藥師佛，還有盧舍那佛，也可以視為報身佛。

應身，又譯為「化身」、「應化身」，是為了配合教化對象的需要，而變化成種種形象之身。這與報身相同，並不是遍歷三世十方、普遍存在的完全圓滿的佛身，而只是在特定的時代與地域，為了救度特定的因緣的眾生所示現的佛陀。如：兩千五百年前在印度出現的釋迦牟尼佛就是應身示現的型態，以過去六佛為始的多位佛陀以及未來的彌勒佛都是一種應身。

應身同時又可分為「應身」與「化身」兩種型態。在這裏應身是為了化導眾生而顯現出一種比較適當的形象來說法的佛陀，也是具有三十二相和八十種好等相好的佛身。相當於在特定時代與地域出現的佛陀。

所謂化身所顯現的形態，有時候是凡夫，有時候則是梵天、帝釋、魔王、畜生等形態，在五趣（天、人、餓鬼、畜生、地獄）之中現身說法。如觀世音菩薩的三十二應化身就是化身的一種。

法身、報身、化身這三身可說是佛身最常見的一種說法。

三世佛

◆過去佛、現在佛、未來佛

三世佛，是指過去、現在、未來的佛陀。

一般人提到佛陀（Buddha）的時候，大多是指歷史上的釋迦牟尼，例如，在南傳佛教裏，一般都只將釋尊當成佛寶來崇拜。

其實，在原始佛教時代，就已經有多佛的思想存在了。相傳在過去世中，即已有佛陀出現，也同樣地說法，並化導救渡眾生。在釋尊以前有六佛出現，加上釋尊就是過去七佛。釋尊之後將有彌勒出現，就是所謂的「未來佛」。

過去七佛是毗婆尸佛、尸棄佛、毘舍浮佛、拘留孫佛、拘那含牟尼佛、迦葉佛、釋迦牟尼佛。

到了部派佛教時代，部派佛教則說在過去七佛之前也有許多佛存在。過去佛的數目和名稱因部派的不同而有所差異。

又如《普曜經》、《方廣大莊嚴經》、《佛藏經》等也都提到了種種過去佛。在《三千佛名經》中，則是提到在「過去星宿劫」、「現在賢劫」、「未來莊嚴劫」的三劫裏，各有千佛出世。所以在這三劫中就列舉了三千個佛名。

除了過去、現在、未來三世諸佛之外，十方（四方、四維、上下）種種的世界也都同時有佛陀出現。由此，我們可以看到佛教廣大的宇宙觀，對佛陀的觀念，也從現實歷史上的佛陀，開展到十方三世的廣大時空。

四無畏

◆佛菩薩說法時的四種無所畏懼

四無畏（梵 catvāri vaiśāradyāni），是指佛菩薩說法時具有四種無所畏懼之自信，而勇猛安穩，又稱為「四無所畏」。

無畏是相對於有畏而說，是站在眾生「有畏」的立場來看佛陀。其實，佛陀是平等心性的，並沒有「畏」、「無畏」的相對性感受。在《增一阿含經》中記載佛陀的四無所畏：

1. 諸法現等覺無畏，又作「一切智無所畏」，這是說如來對於諸法都能覺知，安住於正見，無所屈伏，具無所怖畏之自信。

2. 一切漏盡智無畏，又作「漏永盡無畏」，是指佛陀已斷盡一切煩惱，而對任何外在問難無畏懼。

3. 障法不虛決定授記無畏：又作「說障法無畏」，這是說如來在開示各種修行障礙之法時，心中不會有任何恐懼執著。

4.為證一切具足出道如性無畏：又作「說盡苦道無所畏」，即宣說出離之道而無所怖畏。

以上為如來的四種無所畏。

除了佛的四無所畏之外，菩薩也有四無所畏。據《大智度論》卷五、《大乘義章》卷十一等記載，菩薩的四無所畏為：

1.總持不忘說法無畏：是說菩薩能憶念教法，受持諸法不忘，所以在大眾中說法時，對所說之義理具有無所怖畏之自信。

2.盡知法藥及知眾生根欲性心說法無所畏：是指菩薩了知眾生根性的利鈍，能施與相應之說法，對此具有無所怖畏之自信。

3.善能問答說法無畏：這是指菩薩對一切所問，能作如法善巧的回答，無所怖畏。

4.決疑無所畏：這是說菩薩對於聽法者之問難，皆能如法為彼等分別解說，以開解其心意，斷除疑網，說法教導而無所怖畏。

五分法身（戒、定、慧、解脫、解脫知見身）

◆佛及阿羅漢所具備的五種功德法身

五分法身（梵 asamasama-pañca-skandha），指為戒、定、慧、解脫、解脫知見等佛及阿羅漢所具備之五種功德，但實際上阿羅漢的五分法身境界和佛陀並不相同。

小乘佛教所指的五分法身為：

戒身：是指無漏之身業及語業；定身：即阿羅漢成證之空、無願、無相等三昧；慧身：即阿羅漢之正見、正知；解脫身，是與正見相應的勝解。解脫知見身即阿羅漢之盡智、無生智。

而大乘佛教所稱之五分法身則是指佛的五種功德法身：

戒身：指如來之身、口、意三業遠離一切過非之戒法身，而稱之為戒身，而在實相中，法身清淨，無過可起。

定身：指如來之真心體寂，自性不動，稱為定法身。就實相而言，真心體寂，自性不動，而名之為定。

慧身：如來之真心體明，自性無間，觀達法性，稱為慧法身，即指根本智。就實相而言，真心體明，自性無間，名之為慧。

解脫身：佛了悟本來無縛，自然解脫，稱為解脫法身。

解脫知見身：指如來證知自性本來清淨無可染著，已實解脫，稱為解脫知見法身。

五方佛

◆密教中的五尊如來

五方佛（pañcadhyā ni-buddhā），是指密教中以大日如來為首的五尊佛。又稱為「五智佛」、「五方佛」、「五聖」，或稱為「五禪定佛」此五佛又稱為「五智如來」。

透過五方佛的修法、灌頂，能將眾生種種染污的意識轉化成如來清淨的智慧。

由於眾生有種種的雜染業障，在密教裏的特別方便中，希望透過佛菩薩的悲願力，使眾生迅速地得到圓滿。五方佛的灌頂法就是如此，把我們眾生所有的煩惱、意識轉成如來清淨的五大智慧。隨著貪、瞋、痴、慢、疑等五種不同特性的眾生，而有五如來的對應。

在東方不動佛的瓶灌灌頂當中，以不動佛的大圓鏡智，將我們的第八識轉為大圓鏡智，將水大的業劫氣，轉成水大的智慧氣，讓所有的瞋性眾生得到降伏。

南方寶生如來，對治第七識的染污識，能夠將之轉化成平等性智，轉地大的業劫氣為地大的智慧氣，使傲慢眾生迅速成道。

西方阿彌陀佛是把我們的第六識轉為妙觀察智，把火大的業劫氣轉為智慧氣，調伏貪心重的眾生。

北方不空成就佛，是轉我們的眼、耳、鼻、舌、身等五識為成所作智，轉風大的業劫氣為風大的智慧氣，能調伏一切愚痴、迷惑的眾生。

中央毘盧遮那佛，是轉我們的第九意識成為法界體性智，轉空大的業劫氣為空大的智慧氣，能夠降伏痴性的眾生。

五方佛和一般我們所常見時空中的佛並不相同，屬於修法上的如來，是將我們凡夫煩惱的五識，轉成諸佛如來清淨五智的特別方便。

方位	佛名	意識轉化作用	轉化之五大	調伏之眾生
東	不動佛	第八識大圓鏡智	水大	瞋性
南	寶生如來	第七識平等性智	地大	慢性
西	阿彌陀佛	第六識妙觀察智	火大	貪性
北	不空成就佛	前五識成所作智	風大	疑性
中	毘盧遮那佛	第九識法界體性智	空大	痴性

五眼

◆肉眼、天眼、慧眼、法眼、佛眼

五眼（梵 pañc acakṣūṃiṣ），是指照了諸法事理的五種眼，即肉眼、天眼、慧眼、法眼、佛眼。

(1)肉眼：指一般的眼睛，能分明照見各種外境。

(2)天眼：指天人或由禪定境界而引發的天眼。天眼所能見到的事物，範圍遠超過一般人類眼睛的視力，所見更遠、更廣、更微細清楚。

(3)慧眼：指照見空之實相義理的智慧。

(4)法眼：指能審細了知各種差別諸法、洞觀如幻緣起的慧力。

(5)佛眼：指究竟證知諸法真如的慧力。

在《大智度論》卷三十三中對五眼有更進一步的說明。經中說：肉眼只能見近不見遠，只能見前而不見後，只能見外不見內，只有在白天有光線時，才看得見，夜晚無光線時就看不見，有種種限制。天眼就不同了，其遠近皆見，前後、內外、晝夜、上下悉都能無礙照見。然而，天眼雖然能看見這一切現象，卻不能照見實相。

而慧眼在看見種種差別眾相的同時能捨離各種執著，不受一切法。但是雖然具有總相根本的智慧，卻尚未具足種種差別方便法門，不能善巧度化眾生。而法眼除了了知根本的實相智慧之外，更能了知一切眾生所需求各別的方便法門，使其得道證悟，然而還是不能完全了知一切度化眾生方便道。

佛眼則無事不知，對其他人而言是極遠、幽闇、不確定、微細或甚深者，在佛眼則是至近、顯明、確定、麤、甚淺。所以佛眼無所不聞、不見、不知，而不必再經由思惟。

五眼將眾生、天人、聖者、佛陀，不同的眼根力用，作了清楚的介紹。

五智

◆如來清淨的五種智慧

五智(梵 pañca jñānāni）是指相對於眾生五種染污的意識，轉化為如來清淨的五智。密教中的五方佛就是五智的具體代表。

這五智分別為：

1.法界體性智：將染污的第九意識轉為世間、出世間等諸法體性之智，在五方佛中配列於中央大日如來與佛部。2.大圓鏡智：將染污的第八識轉為法界萬象圓明無垢之智。配列於東方阿閦如來與金剛部。3.平等性智：將染污的第七識轉化體現諸法平等性之智，配列於南方寶生如來與寶部。4.妙觀察智，從染污的第六識轉化為巧妙觀察眾生機類而自在說法之智，配列於西方阿彌陀佛與蓮華部。5.成所作智：將染污的眼、耳、鼻、舌、身等前五識轉化為成辦自他所作事業之智，配列於北方不空成就佛與羯磨部。以上是就金剛界而言；如果就胎藏界而言，則五智所配列者，次第為大日如來、寶幢如來、開敷華王如來、無量壽如來、天鼓雷音如來。

在《秘藏記》中以水來比喻此五智：⑴水性澄寂，顯現一切色相，比喻大圓智鏡。⑵一切萬像皆現於水中，無高無下，平等無二，比喻平等性智。⑶一切色相差別在水中明了顯現，比喻妙觀察智。⑷以水之無所不遍，比喻法界體性智。⑸以一切生命、環境皆依水而滋長，比喻成所作智。

五智除了以上的意義外，有時也指佛陀所得之五種智，或解脫聖者所得之五種智。

正覺

◆佛陀的覺悟

正覺（梵 samyak-saṃbodhi），意指正確的覺悟，指佛陀的覺悟。又作正解、等覺、等正覺、正等正覺、正等覺，也就是「無上正等正覺」、「三藐三菩提」的略稱。而經中常見的「阿耨多羅三藐三菩提」則是「無上正等正覺」之意，也是指如來的覺悟。所以成佛又稱為「成正覺」。例如阿彌陀佛在十劫之前成佛，最初成佛的瞬間即稱為「正覺一念」。

如來十號

◆佛陀的十種名號

所謂「如來十號」，就是指如來的十種名號，分別是：⑴如來、⑵應供、⑶正遍知、⑷明行足、⑸善逝、⑹世間解、⑺無上士、⑻調御丈夫、⑼天人師、⑽佛、⑾世尊等十一個。在這十一個名號中除去第一號「如來」，就是如來十號；或將之與世尊合稱為一號，這樣也是如來十號。

以下我們來看看佛陀這十種名號所代表的意義：

1.如來：所謂如來，是「如實而來的人」或「由真如而來的人」的意思。這是形容佛陀完全依循真理而來，依循真理而去，與真理完全冥合無間的人。

2.應供：意譯為阿羅漢，簡稱為羅漢。阿羅漢的原意是應供，是指「尊貴而應被供養者」。這個意思是說阿羅漢是斷盡一切煩惱，為解脫的聖者，應受供養。阿羅漢又稱為「福田」，這是指阿羅漢就是一個可以使人們得到幸福收穫的良田。愈是良田就愈能豐收，有時能回收數十倍，甚至數百倍的收穫。如果供養或播種在像阿羅漢這樣的良田上，那麼供養者就會收穫到更大的功德。所以阿羅漢又稱為「無上福田」，因為阿羅漢，是可以救渡世人到解脫彼岸，使他們幸福的。佛陀當然更是具足如此的功德。

3.正遍知：音譯為「三藐三佛陀」，意譯又作「正等覺者」，意為「完全正確的覺者」。有時也在這詞上加「無上」（anuttara，阿耨多羅）來形容其珍貴、無以倫比。佛的覺悟與聲聞緣覺的覺悟不同，是最圓滿、最正確的。為了和聲聞緣覺有所區別，所以稱為正遍知。佛陀開悟的內容就是「阿耨多羅三藐三菩提」意思是無上正等正覺，或阿耨菩提，意思是無上菩提，佛陀的覺悟比聲聞菩提、辟支菩提更加廣大圓滿。

4.明行足：是指具足「明」（智慧）與「行」（實踐、體驗）的人。佛陀在理論的智慧面及體驗的實踐面都是很圓滿的，所以稱之為「明行足」。圓滿的理論與實踐二者表裏一體，這些理論與實踐都兼而有之，都能具足的就是佛，所以佛陀又稱為明行足。

5.善逝：意譯為「好去」，就是「如實的前往彼岸」，或者是「不再沉淪於生死海之人」的意思。

6.世間解：是徹底理解世間智慧者。佛陀不但具足解脫智慧，也具足這個世間種種知識、智慧，如：科技、畜牧、人文等等，而能相應一切眾生心之所求而說法教化。

7.無上士：就是世間至高無上者。

8.調御丈夫：就是「能夠調御眾生的大丈夫」的意思，這是說佛陀是一位善於調御眾生的偉大教育家，能觀察眾生的根基、性向，具足一切善巧的教化方便，用最適合受教育的方法來教導其圓滿成就。

9.天人師：佛陀是天上與人間的善導師，也就是欲界、色界、無色界等三界大導師。

10.佛：是「覺者」，也就是「自覺覺他」，即自身覺悟，也能令他人覺悟者。

11.世尊：音譯為「婆伽婆」、「婆伽梵」，古代意譯為「尊祐」，是「具有瑞德的人」，無論在世間或是出世間，佛陀都是世間最珍貴的，為世人所尊崇。

從如來的十名號中就能彰顯佛陀的特德，我們可以發現佛陀是名實相符的，由此我們也可以由如來十號中來認識佛陀。

成佛

◆成就圓滿的如來

成佛（梵 buddho bhavati），指菩薩歷經多劫修滿因行，而成就無上正等正覺，也是每一個學佛者最終的目標。又稱「作佛」或稱「成正覺」、「成道」、「得道」。在《增一阿含經》卷十六中，佛陀自己說道：「我於三阿僧祇劫所行勤苦成無上道。」

菩薩在無數劫修學各種菩提分法，乃至各種波羅蜜行，於百大時劫中植相好業，永斷染污不染污一切愚癡無明，覺了自利利他之法，始能名為佛陀。並說聲聞、獨覺雖入於聖者之流，但不名為佛，唯有菩薩得證菩提時方可稱之為佛。

《大毘婆娑論》中描寫：「彼既證得阿耨多羅三藐三菩提已，於求菩提意樂加行並皆止息，唯於成就覺義為勝。一切染污不染污癡皆永斷故，覺了一切勝義世俗諸爾焰故，復能覺悟無量有情隨根欲性作饒益故，由如是等覺義勝故名為佛陀。」

什麼樣的人可以成佛呢?在《法華經》、《涅槃經》中,認為一切眾生悉有佛性,無論是世間罪大惡極之人,或是原來並未發起大乘心的聲聞和緣覺之小乘行者,都終將成佛。

成佛需要多少時間呢?經中說必須經歷極長的時劫及種種修行階位,稱為「歷劫成佛」,但大小乘的說法也有所不同,密宗就有「即身成佛」之說。

而除了生命界之外,無生命界可否成佛呢?天台宗與密宗都有此方面的探討,而有「草木成佛」之說,天台家與密宗分別依「一色一香無非中道」之義、「六大緣起皆入阿字」之說,而討論非情(無生命界)成佛的可能。

佛（佛陀）

◆圓滿無上覺悟者

佛是佛陀（Buddha）的簡稱，其意為「覺者」或「覺悟的人」。在古代也有譯成「浮圖」或「浮屠」的。

佛陀的另一種完整的稱呼為「阿耨多羅三藐三佛陀」（Anuttara Samyak-sam-buddha），這就是「無上正等正覺者」的譯稱，代表自覺覺他、覺行圓滿的意思。如此稱佛陀是因為要與阿羅漢或緣覺（辟支佛）區分，因為阿羅漢與緣覺是尋求自身的自覺，但佛在開悟時，同時從事救渡眾生，使他人開悟，因為這種圓滿的覺行，所以稱為無上正等正覺。

佛陀一般會有十種稱號，稱為「如來十號」或「佛陀十號」，這十號是：⑴如來、⑵供應、⑶正遍知、⑷明行足、⑸善逝、⑹世間解、⑺無上士、⑻調御丈夫、⑼天人師、⑽佛世尊。這是由佛的十種妙德，而衍出的尊號。在這十號中，有時將如來一號另立，而把佛與世尊分成二號，也是如來十號。

如果提到單獨一尊的佛陀時，大多是指釋迦牟尼佛，而南傳佛教中，一般也只以釋迦牟尼佛來代表佛陀。

但事實上，從原始佛教開始，已經認為不只只有釋迦牟尼佛一位佛陀而已，而認為在過去世中，也有佛陀出現在世間說法，並救度眾生。

首先傳出的，是在釋迦牟尼佛之前，已有六佛的出現，加上釋迦牟尼佛，就成為過去七佛。而在釋尊之後，會有彌勒佛出世，這就是未來佛了。

而南傳佛教，在過去七佛之前，又另立十八佛，所以也有過去二十五佛的說法；或者在十八佛前又立了三佛，加上過去七佛就成了二十八佛。

從原始佛教進入較後期的部派佛教時，許多部派都主張過去、現在、未來三世都有許多佛陀出現的說法。而其中大眾部認為，除了釋迦牟尼佛出現在我們所住的娑婆世界之外，在法界中十方的種種世界，都同時有佛陀出現在世。

雖然佛教主張一個世界只有一位佛陀出現在世間，不會有二位佛陀同時出現，但是佛陀出現在十方不同世界中，與此主張並不矛盾。而大乘佛更主張三世十方有無數佛陀出現，而有三世與十方諸佛的說法。

一般常見的佛陀有釋迦牟尼佛，西方極樂世界的阿彌陀佛、東方妙喜世界的阿閦佛及東方淨琉璃世界的藥師佛。這四尊佛是大乘佛教徒所最常禮拜的佛陀，也是中國寺院中最常見的佛陀，經常是大雄寶殿中的主尊。

除此之外，密教的佛陀也極為常見。密教的佛陀以金剛界及胎藏界的五方佛為主。金剛界是以《金剛頂經》為中心所發展而出，胎藏界則是來自《大日經》。這兩部經典，是密教中最重要的兩部根本大經，其中金剛界代表如來智慧的成就，胎藏界代表法界中本來平等的理趣。因此胎藏界也可視為佛的因，而金剛界可視為成就的佛果。

方位	金剛界五佛	胎藏界五佛
東	阿閦佛（不動佛）	寶幢佛
南	寶生佛	開敷華王佛
西	阿彌陀佛	無量壽佛
北	不空成就佛	天鼓雷音佛
中	摩訶毗盧遮那佛（大日如來）	摩訶毗盧遮那（大日）佛

佛身

◆佛陀的種種身

佛身（梵文為 bunddha-kāya）是指佛陀的肉身，或是指佛陀所具有的種種理想的德性，這時的佛身，即與法界實相的「法」或「法性」同義。

在公元一世紀佛像出現之前，釋迦牟尼的形像，一直只是間接地以法輪、菩提樹、足印等做為象徵。後來，大乘經典中除了釋尊之外，還認為有十方三世諸佛的存在。而佛性、絕對性的法與現實眾生的關係，也開始被探討。

1. 二身說：如法身與生身、法身與色身、法性身與父母生身等二身的說法。法身，在初期佛教是指佛的教說，或佛法教說的體現者。但是到了後世，則被視為與法性同義，所以又名為法性身。而生身，則是指由佛的父母所生的佛身，有生有滅的現象。

2. 法、報、應（化）的三身說：這是大乘佛教最普遍的說法。法身是指法性。報身是指證悟後，圓滿修行，萬德具足的佛身，是修行功德的結果。而應（化）身，是指佛陀為教化眾生而化現的佛身。

3.自性身、受用身、變化身的三身說：自性身指法身，是其他二身的根據。受用身指享受證得法性妙喜的狀態。此中又分為：佛陀自身享受如此的法樂，這稱為自受用身；為菩薩說法，令他人受此法樂，這稱為他受用身。而變化身即是指化身；是為教化菩薩與凡夫而化現的佛身。這三者即相當於前述的法身、報身與應（化）身。

4.法身、應身、化身的三身說：這是將法、報、應三身中的法、報身，視為法身，而將應身二分為應身與化身。這種情形下的應身，是歷史上的釋迦牟尼佛，而化身則是為教化化現而出的佛身。

此外，還有自性身、自受用身、他受用身、變化身等的四身說，以及華嚴宗的十身說等。

5.三輪身：三輪身是指密教中，如來所示現的三種輪身，有自性輪身、正法輪身、教令輪身三種。所謂輪，是摧破之義；因此輪身意指摧破眾生煩惱的力量之身。

如在密教金剛界曼荼羅中，有「從果向因」與「從因至果」二種次第；而在從果向因的次第中，本地大日如來垂迹利濟教化眾生的順序，可分成此三種：

⑴自性輪身：這是以法身住於諸法本有自性，所以名為自性輪身。如曼荼羅中臺的大日如來，以本地自性的佛體化益眾生，因此稱為自性輪身。在金剛界曼荼羅九會中的前六會，以大日如來為中臺者，都屬於自性輪身。

⑵正法輪隨：這是攝取心地住於如來正法而說法之身，所以名為正法輪身。如大日如來垂迹示現為菩薩身，以正法化益眾生。從金剛界曼荼羅第七理趣會以金剛薩埵為中臺者，都屬於正法輪身。

⑶教令輪身：這是為了教化剛強難度的眾生，示現大忿怒相以降伏之。如在金剛界曼荼羅中第八降三世羯磨會、第九降三世三昧耶會，示現金剛薩埵忿怒明王身者，即屬於教令輪身。

因此，自性輪身是指如來當體示現佛陀的自性身；正法輪是指垂迹示現的菩薩身；教令輪是指垂迹化現為忿怒明王身。所以三輪身依次為五佛、五菩薩、五大明王。

佛土

◆諸佛所居住、教化的國土

佛土（梵 buddhaviṣaya yaḥ），指佛所居住、所教化的國土。又稱佛國、佛界、佛剎，或稱淨國、淨剎、淨土。

關於佛土的種類，有各種不同的說法，以下是較為常見的分類法：

・五類佛土

吉藏在《大乘玄論》卷五，將佛土分為不淨、不淨淨、淨不淨、雜、淨等五類。「不淨土」是造惡眾生所感之穢土。不淨淨土是不淨緣盡，清淨眾生來生，國土轉為清淨。「淨不淨土」是最初為淨土，但淨緣盡了，惡業眾生來生，國土轉為染穢。「雜土」是先起善惡二業的眾生同時所感的淨穢雜土。淨土，是指以淨業因緣構成的純淨之土。

・三種佛土

唯識家將佛土分為法性土、受用土、變化土等三土，受用土中又分成「自受用七」與「他受用七」。法性土是自性身所居之土，也就是法性如如之理。自受用土是自受用身所居之土。他受用土是他受用身所居之土。變化土是變化身所居之土。此土是佛為未登地菩薩、二乘、凡夫所變現。

‧四種佛土

天台家將佛土分為四種：「凡聖同居土」、「方便有餘土」、「實報無障礙土」、「常寂光土」。

1.凡聖同居土是指凡夫與聖者共同居住的國土；有淨穢之別，淨者如西方極樂世界。

2.方便有餘土，是指修行者尚未斷無明之惑等人所生之土。

3.實報無障礙土，是指初住以上的菩薩所居之果報土。

4.「常寂光土」是指無明全盡，為諸佛所遊居的真常究竟之土。這是唯佛與佛能到達的境界，乃是身土不二之土。亦即以法身、般若、解脫三德為體，理智冥合，寂照自在的境界。亦即係如如法界之理。

前述的分類之外，除了華嚴宗也將佛土分為「國土」與「世界海」，世界海有三類，即：⑴蓮華藏世界、⑵十重世界、⑶無量雜類世界。

密教則將佛土分為「密嚴佛國」、「十方淨土」、「諸天修羅宮」等三類。密嚴佛國是法身所居，十方淨土是報身所居，諸天修羅宮則是等流身所居。

佛智（一切種智）

◆佛陀的無上智慧

佛智（梵 buddha-jñana）指佛所具足之無上智慧，也就是徹底了悟諸法實相之智慧。此聖智橫窮十方，豎盡三世，完全圓滿，為最勝無上之智見，又稱為「一切種智」。

佛智極為不可思議，並非凡夫及聲聞、緣覺、菩薩的智慧所能了知，只有佛與佛彼此之間才能了知。有關佛智的分類，各宗派所說不同，如唯識宗將佛智分為大圓鏡智、平等性智、妙觀察智、成所作智等四智，真言宗在四智上加上法界體性智為五智。天台宗分為空（一切智）、假（假智）、中（一切種智）等三智。其他諸經論也有種種分類法。

無上正等正覺

◆佛陀的圓滿覺悟

無上正等正覺（梵 anuttara-samyak-sambodhi），是指佛陀的圓滿覺悟，音譯為「阿耨多羅三藐三菩提」，又譯為「無上正等覺」、「無上正遍知」。

「阿耨多羅」意譯為「無上」，「三藐三菩提」意譯為「正遍知」。這是佛陀所覺悟之智慧；含有平等、圓滿之意，為最無上珍貴，無所不遍的正覺。學佛者的目標，就在成就此種覺悟。如經中常說：菩薩發起「阿耨多羅三藐三菩提心」，就是發起求取無上正等正覺之心。

而梵語「anuttara-samyak-sa buddha」，音譯「阿耨多羅三藐三佛陀」，意指圓滿實踐阿耨多羅三藐三菩提之人，一般譯為「無上正等正覺者」，是對佛陀之尊稱。

阿閦佛（不動佛）

◆無瞋不動的佛陀

阿閦佛（梵 Akṣobhya），音譯為「阿閦」、「阿閦鞞」，意譯則為「無瞋恚」、「不動」、「無動」等，密號不動金剛，是東方妙喜世界的佛陀。

阿閦如來因地發心的經過，在《阿閦佛國經》卷上記載，阿閦佛未成佛時，為比丘時，曾在東方大目如來處，聽聞菩薩六波羅蜜之法。當時大目如來對他說：「學習菩薩道是很困難的，因為菩薩對一切人民，乃至蜎飛蠕動之類，都不能生起瞋恚之心。」

這位比丘受了大目如來的啟發，而發起「對一切生命不起瞋恚」的誓願，所以大家就稱他為「阿閦」，阿閦就是「不瞋恚」、「無憤怒」的意思。引申為對一切眾生恆起慈悲心，永遠不為瞋恚所動，所以又稱為「不動」或「無動」。

這個誓願，其實也是菩薩行者的共同行願基礎。阿閦佛在因地中的累劫修行，就是秉持著這個誓願，努力於修習六波羅蜜，及斷除三毒的修道歷程。

阿閦佛在東方妙喜世界的七寶樹下成佛，他的佛剎也是名為妙喜世界。著名的維摩詰菩薩，就是妙喜國土來的菩薩，藏密大成就者密勒日巴大師在示現入滅時，首先朝禮的也是東方妙喜國土。

阿閦佛在密教中是屬於金剛界五佛之一，代表如來的大圓智，位於五解脫輪中的正東月輪中央。

其形象為身呈黃金色，左手作掌，安臍前，右手垂下觸地，就是所謂的「觸地印」、「降魔印」，此印能令諸魔鬼神、一切煩惱悉皆不動。

在《阿娑縛抄》卷第五十中則記載，此佛的形相為：具有佛的圓滿相好，偏袒右肩，左手以金剛拳執持袈裟一角，手心向內，右手伸五指，置於右膝，首光豔髮莊嚴，結跏趺坐，坐於蓮華座上，蓮華臺以青色象載之。

阿彌陀佛（無量壽佛）

◆西方極樂世界的如來

阿彌陀佛（梵 Amitaba 或 Amita-buddha），意譯為「無量光佛」或「無量壽佛」，是西方極樂世界的佛陀。在大乘佛教中，阿彌陀佛佔有極重要的地位；後世的念佛法門、淨土法門，大多以稱念阿彌陀佛與求生西方極樂世界為主要內容。阿彌陀佛在極樂世界以觀世音、大勢至兩大菩薩為脇侍；實踐其廣大度化眾生的悲願。

依《無量壽經》所記載：阿彌陀佛的本生為法藏比丘，當時的法藏比丘在世自在王佛前發起四十八大願，希望在無量無數的佛土中，建立最殊勝、最微妙的世界，提供眾生最莊嚴殊勝的修行環境。

在中國佛教寺院的大雄寶殿中，時常供奉代表東、西、中三方不同世界的三位如來，即東方藥師佛、西方阿彌陀佛、中央釋迦牟尼佛，即所謂的「橫三世」，或稱為「三方佛」。此時的阿彌陀佛，被安置於釋迦牟尼佛的右邊，結跏趺坐於蓮台上，雙手結定印，仰掌疊置於足上，掌中托有一座蓮台，表示接引眾生往生西方，蓮花化生之意。

一般常見的形象上，阿彌陀佛常是端身盤腿而坐，手結定印，左手仰掌當於臍上，右手仰掌重疊於左手上，兩手之大拇指頭稍微相對貼合。此印也稱為阿彌陀如來印，能使一切妄念止息，令心住於一境，入於三昧之樂。

除了坐像之外，也有立像作接引印的阿彌陀佛，右手作接引印，左手作施無畏印，接引眾生。此常與觀音菩薩、勢至菩薩，形成「西方三聖」的造像。分辨此二尊的方法，可以由其頂上寶冠來區分：觀世音菩薩的寶冠中有化佛，大勢至菩薩寶冠上為寶瓶。一般觀音薩菩薩為雙手持蓮台，大勢至菩薩雙手合掌。

在真言密教中，以阿彌陀佛代表大日如來法身的妙觀察智，轉六識成佛智。在金剛界曼荼羅中，稱為受用智慧身阿彌陀如來，位於西方月輪的中央；其身作黃色或金色。彌陀結定（即三摩地）印。

在胎藏界曼荼羅，稱之為無量壽如來，安設在中台八葉的西方。

藥師佛（藥師琉璃光如來）

◆東方淨琉璃世界的如來

藥師佛（梵 Bhaisaiya-guru Vaidurya-prabharajah），全名是藥師琉璃光王如來，一般稱為「藥師琉璃光如來」，簡稱藥師佛。在《藥師如來本願經》中記載：藥師佛是淨琉璃世界的如來，這個世界在東方過娑婆世界十恆河沙佛土之外。

藥師佛為什麼稱作「藥師琉璃光如來」呢？因為他以能拔除眾生世間疾病及生死之病而被稱為「藥師」，而由於藥師佛特別的誓願，他的佛身如同琉璃一般，內外清淨，光明熾然，過於日月，照耀無量世界，因此能照度三有之黑闇，故名為「琉璃光」。藥師佛現在東方淨琉璃世界，領導著日光遍照和月光遍照二大菩薩等眷屬，化導眾生。

藥師佛的形像常見的為螺髮形，左手持藥壺，右手施無畏印或與願印，兩旁

藥師三尊

各以日光、月光菩薩為左右脅侍，稱為「藥師三尊」。這兩位菩薩與藥師佛的因緣很深，在往昔曾為父子，一起發願救護重病眾生，並以良藥供養僧眾。

除了日光、月光菩薩外，著名的「藥師十二神將」，則是藥師如來特別的護法系統。他們是十二位藥叉，勇健且有力，能於天上人間迅疾如風往來自在。此外還有所謂的「七佛藥師」，這七佛有兩種說法，一種說法是以為他們是各自一體的，各有各的願；另一種說法認為，他們是藥師如來所化現的。這些聖眾都是藥師佛的眷屬。

釋迦牟尼佛

◆佛教的創立者

釋迦牟尼佛（梵名 Sākya-muni-buddha），是在人間成佛的如來，是佛教的教主，約在公元前五百餘年，出生於北印度的迦毗羅衛城（在今之尼泊爾南境），為該城城主淨飯王的太子。姓喬答摩（Gautama），名悉達多（梵 Siddhārtha，巴 Siddhattha）。成道後，被尊稱為「釋迦牟尼」，意思是「釋迦族的賢人」。

佛母摩耶夫人，在太子出生後不久就去世了。太子由姨母波闍養育。及長之後，學習文武各種技藝，都能完全通曉。接著，在十七歲時，迎娶拘利城主善覺王的女兒耶輸陀羅為妃。

釋尊自幼深切地體會到生老病死的痛苦，感受到人生歡樂的無常，於是發心尋求解脫之道。

經中說，釋尊在當太子時，曾自行到城的四門出遊，遇到生、病、死者以及沙門，又見到蟲鳥相食，因此痛感世間無常，不可依賴，所以時常安坐禪定。後來生下一子羅睺羅，心想王室已有繼嗣，所以便想出家修行。他在二十九歲（一說十九歲）時，悄悄的離開王宮，脫去衣冠，而成為出家修行的沙門。

太子出家後，到處參訪求道，他曾和當時著名的修行老師們學習，但是都不能契合心意，他了知這些都非究竟解脫之道，於是他就渡過西南方的尼連禪河，進入伽耶附近的森林，自己思惟修行，決心依靠自力，來達到究竟解脫。

在這之前，淨飯王曾派遣使者，勸請太子返鄉。但是釋尊寧願精進於解脫之道，也不願回國。因此，使者憍陳如等五人，便隨從太子共修，成為修行的伴侶。

此後數年之間，太子在苦行林中，實行減食、斷食等苦行，日食一麻、一粟。但是最後，他體悟到苦行並非得道之因，所以就放棄苦行，離開苦行林，進入尼連禪河中沐浴，並接受牧羊女乳糜的供養，得以恢復身體的力氣。憍陳如等人看到這種情形，以為他在修行道上已經墮落，於是捨棄太子，前往西方的波羅奈城鹿野苑，繼續修行。

太子後來獨自到菩提樹下，在金剛座上鋪上吉祥草，面向東方安坐，下定決心若不成證無上的正覺，則不起此座。過七日（一說四十九日）之後，在破曉時分，當看到了東方一顆燦爛的明星時，他廓然大悟了，證得圓滿完全的覺悟，即阿耨多羅三藐三菩提。他當時年為三十五歲（一說三十歲）。此後，他遂以「佛陀」（覺者）、「世尊」等名號，為世間所知。

據經典中所述，當時魔王波旬，曾經率領無數的魔眾，來擾亂太子，想要妨礙釋尊成道。但是釋尊毫無所動，並且以四禪的定力，觀察十二因緣，而得證解脫一切生命苦的根本之道。

佛陀成道之後，仍暫時停留在菩提樹下，受用解脫之樂。然後思惟，是否應當向其他人宣說他自覺的勝法。當時娑婆世界的主宰大梵天王，前來勸請說法。佛陀受請之後，經過觀察，首先前往鹿野苑，為憍陳如等五人說法，使他們得道，這稱為初轉法輪。

根據佛經中的記載，初轉法輪時，佛陀演說了四聖諦及八正道等法要，指示如何觀照生命與宇宙的實相，並遠離愛欲及苦行二邊，而實行中道。

接著佛陀又教化其地的長者耶舍等。又前往尼連禪河附近的優婁頻螺聚落，

度化事火外道的優婁頻螺迦葉、那提迦葉、伽耶迦葉等三兄弟，及其弟子一千人。又入王舍城，為摩揭陀國王頻婆娑羅說法，得到他的皈依。當時有迦蘭陀長者，願將所擁有的竹園獻給佛陀，國王就在園中建立精舍，迎請佛陀前來居住，這就是有名的迦蘭陀竹林精舍。

佛陀又教化刪闍耶外道，住在王舍城附近的舍利佛、大目犍連及其徒眾二百五十人，都皈依佛陀成為其弟子。到了此時，佛共有弟子一千二百五十人。

隨後，因為父親淨飯王的迎請，而到迦毗羅衛城，為父王、妃子等說法。當時以佛陀的異母弟弟難陀為始，羅睺羅、阿毱婁陀，阿難陀，提婆達多等，和釋迦族的理髮人優波離等，同時出家成為佛弟子。

接著佛陀又前往王舍城，為舍衛城的長者須達多說法，長者極為感動，回國後就購買舍衛城太子祇多所擁有的園林，在林中建立精舍獻給佛陀。這就是所謂的祇樹給孤獨園精舍。

佛陀應須達多長者之請，遊行舍衛城，教化國王波斯匿（phasenajit）王。又應毗舍離國王之請，遊化該國。後來為了調停迦毗羅衛城和拘利城之間，有關水利的諍論，再回迦毗羅衛城，適逢父王崩逝，因此參與其葬。當時姨母波闍波提及妃耶輸陀羅等，都出家成為佛弟子，從此便開始有了比丘尼的教團。其後佛陀遊行各處說法，教化無數的眾生。

釋尊一生的弘法生涯，大約有四十餘年，最後在世壽八十歲時，於拘尸那羅入於涅槃。佛陀以無比的悲智願行，為眾生提出中正、和平的解脫途徑；遵以正法，齊以律行，為眾生樹立起自覺覺他的偉大典範。

此外，依據《法華經》的說法，在印度成道、弘法與涅槃的釋迦牟尼佛，只不過是一時的權宜示現而已。事實上，釋尊在久遠時劫之前，早已成佛。其實，佛陀的壽量是無限的；佛身是常住的；佛陀的智慧光芒，更是永恆地照耀一切眾生。

第三章 法義及總類名詞

十二分教（十二部經）

◆佛教經典的十二種類別

佛教的經典內容非常豐富，依文體與內容類別，約略可以分為十二種，稱為「十二分教」（梵 dvādaśāṅga-buddha-vacana），又稱為「十二部經」、「十二分聖教」。這十二類分別是：契經、祇夜、記別、諷頌、自說、因緣、譬喻、本事、本生、方廣、未曾有法、論議。

「十二分教」是在經典結集的過程中逐漸形成的，因此在不同的部派中有不同的排列次序。也有部派主張只有九分教。

佛經最原始的狀態是三分教（契經、祇夜、記別），後來隨著經典不斷的集出而有九分教的說法，然後又隨著律部與論議的發達，又補充了因緣、譬喻、論議三者而擴充為十二分教。由於十二分教是次第形成而非同時間依同一標準的分類，所以其內涵有時會有重疊的部分。

從十二分教的分類來看，我們可以發現：有些是依據經典的表現形式，有些是依據教說的內容來分，兩種是混合在一起的。同一部經，可以從內容或形式兩方面分別稱名。

關於十二分教的項目與列舉順序，由於部派與文獻的不同，也有相當的差異。下面所列舉的是較具有代表性的：

⑴契經：廣義而言，契經（sutra，修多羅）是指十二分教全體的十二部經而言。另外，所有的漢譯佛典，如一切經或大藏經都以「經」來稱呼它。這是最廣

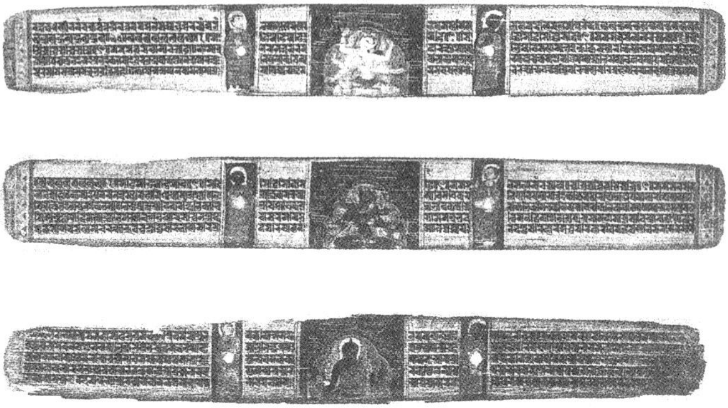

貝葉經

義的經。

(2)祇夜：也就是說散文與韻文（偈）兼而有之的說法形式。

(3)記別：記別本來是指教義的解說，後來則是指佛對弟子們未來的一種授記，也就是「成佛的授記」。

(4)諷頌：又稱為偈，是一種只有韻文的文學形式，如《法句經》、《長老偈》、《長老尼偈》等都是此類。

(5)自說：自說是指「自說教法」，佛陀說法常都是應他人的請求而說法，自說則是未經他人請求而自己說出來的。在九分教與十二分教中，主要是指佛的自說。

(6)因緣：因緣是指說法時，在某種因緣條件下，說出一種序文式的故事。如：經典一般所說的因緣，或是偈所說的因緣故事，制定戒律戒條的因緣，也是此類。

(7)譬喻：譬喻原本是指由因緣果報而來的教訓式故事，所以也可稱為「訓誡式故事」。

例如佛陀累世的修行教事，叫做「本生」（jātaka）。而本生實際上也是譬喻的一種，本生也可以稱為「菩薩譬喻」。後世說一切有部等派，則把「譬喻」擴大為「訓誡的故事」或簡稱為「故事」，是具有輕鬆意味的寓言。《百喻經》、《雜譬喻經》等等都有這種性質。

(8)本事：所謂本事經就是「說過去所發生的事情」、「過去世的故事」。釋尊在菩薩時代的過去世故事稱為本生，而本生以外的，佛弟子等過去世的故事，就是本事。

(9)本生：這是佛陀累世的故事。佛陀在菩薩時代曾做過國王、大臣、商人等，也做過天神以及種種動物，這些經歷和故事就稱為「本生」。漢譯本的本生經有《生經》與《六度集經》等。

⑽方廣：方廣，譯為「廣明」，一般而言都是指大乘方廣。意思是廣說種種甚深的法義，本來指的是小乘部派中所詳細解說的經典，但大乘佛教出現後，就用這個名詞來稱呼大乘經。如：華嚴經全名是《大方廣佛華嚴經》。

⑾未曾有法：未曾有法是指佛所說那一類希有、未曾有、而不可思議的事情。所謂「未曾有」是指①與世間一般情形不同的第一義的事。②指神通奇蹟類不可思議的事。③指自然界一些奇妙壯觀的變異。這幾類都包括在未曾有法裏面。

⑿論議：這是指與「略說」不同的「廣說」，是一種詳細註釋的說法，並不一定是佛所說的。後世阿毗達磨論書也可以包含在論議中。

二諦（俗諦、眞諦）

◆一切事物具是有的兩種真理

二諦（paramā tho-satya）是指俗諦與真諦。俗諦又稱為「世諦」，真諦又稱為「第一義諦」。「諦」是真空的意思，此處指的是真理。真俗二諦是事物所具有的兩種真理。凡夫從時間上由於經驗或習慣所觀察的事物原理（有）稱為俗諦，聖者由究竟處體驗宇宙的實相（空），稱為第一義諦。

二諦是佛教最基本的理論原則。佛教主要目的是教人破除我執、法執而體認真實。唯有從事物的兩個對立方面互成互破，才能掃盡一切執著而顯現真實，因此中觀宗特別重視二諦的應用。

八識

◆唯識家對眾生心識作用的分類

八識（梵 aṣṭauvijñānāni）是大乘唯識家將眾生之心識，分為八類，稱之八識。八識分別為：眼識、耳識、鼻識、舌識、身識、意識、末那識、阿賴耶識。

其中，眼等前五識，各能了別色、聲、香、味、觸等五境，此五識只是依單純的感覺作用，直覺的反應外境。

第六意識能對內外之境，不分有形無形，溯及過去、現在、未來三世，廣緣一切境，有比知、推測等作用，因此為「廣緣識」。

意識可分為「五俱」與「不俱」等二類。「五俱意識」與前五識並生，明了地緣境，故名明了意識。不俱意識不與前五識俱起，而是單獨發生。

不俱意識也有「五後」與「獨頭」等二類。五後意識雖不與前五識俱起並生，但不相離而續起。獨頭意識有「獨散」、「夢中」、「定中」等三類。「獨散意識」是脫離前五識單獨發生，追憶過去，預想未來等，作種種想像，及種種思慮。「夢中意識」是於夢幻朦朧中現起的作用。「定中意識」是於禪定中發生的意識活動。要言之，意識可說是八識中最猛利、敏捷，有自由自在力，迷悟昇沈之業，無一不由意識所作。

第七識是末那識（manas）。此識為意識。「末那」者，是思量義。恒以第八識為對境，起實我、實法的執著，永無休止。第六意識就是根據此妄執，產生我法二執的迷妄，沉淪生死。相反的，能斷滅煩惱惡業，徹悟人法二空的真理，就是由於末那識變為清淨的緣故，因此此識又稱為染淨識。第六意識也同樣叫做意，但第六識以第七末那──意識為所依，故取名「意識」，是「依意之識」；第七識則是「意即是識」，其識本身即名為「意」。

第八識是阿賴耶識（ālayavijñāna），音譯又作阿梨耶識，此義譯為「藏識」。藏，為含藏的意思，宇宙萬有種子盡納此識，因此得名。藏有能藏、所藏、執藏等三義。「能藏」，是能含藏發生諸法潛勢力的種子，即所藏為種子，能藏為第八識現行。「所藏」，是第七識熏諸法的種子，故以受熏義名第八識為所藏，能熏為第七識的現行。「執藏」，是被第七末那識執著為實法、實我，故以所執持之義名第八識為執藏，能執為第七識。

這八識將心識做了完整的分析，讓我們清楚看到自身的心識、行為等是如何展開的過程，以及解脫的途徑。

十二因緣

◆生命輪迴流轉的十二個階段

十二因緣（梵 dvādaśāṅga-piatī tya-samutpāda）為佛陀觀察生命在時間上的相續，所提出的實相法義。又作「十二有支」、「十二緣起」是佛法核心的教義之一。十二因緣如下：

1. 無明：我執、對立開始產生之時。
2. 行：生命存續的意志力。
3. 識：行以無明為核心，相續運作產生的意識、記憶。
4. 名色：生命意識與受精卵的結合，精神與物質結合而有生命。
5. 六入：生命不斷發展，產生眼、耳、鼻、舌、身意六入。
6. 觸：六入接觸色、聲、香、味、觸、法外境。
7. 受：由六根接觸外境後，產生種種感受。

8.愛：「愛」又譯為「渴愛」，是指強烈的驅力，對自己喜愛的樂受，生起愛求的熱望，對厭惡、恐懼的苦受，就生起憎恨逃避的強烈欲求，進而驅動後續的行為執取。

9.取：由愛之執著進而產生身、識、意等執取之行為。

10.有：由執取的行為造成存有的現象。

11.生：存有的現象推動生，即後續的存在。

12.老死：有出生就會老化、死亡，輪迴不已。

以上這十二因緣法，是佛陀在菩提樹下觀察生命生死流轉的因緣所徹悟的真理。如果能回逆這輪迴的十二因緣，就是生命的解脫之道了。

三世兩重因果十二支的說法，則是將十二因緣配合過去、現在、未來三世及因果。

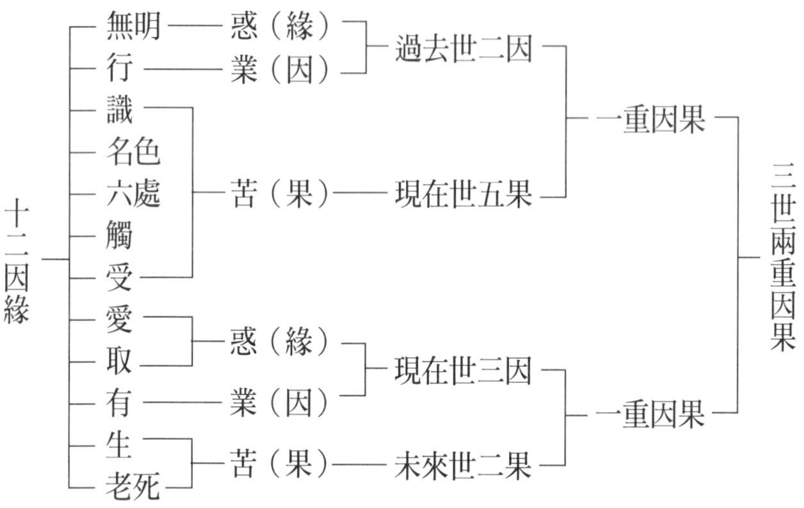

表 1：三世兩重因果十二因緣

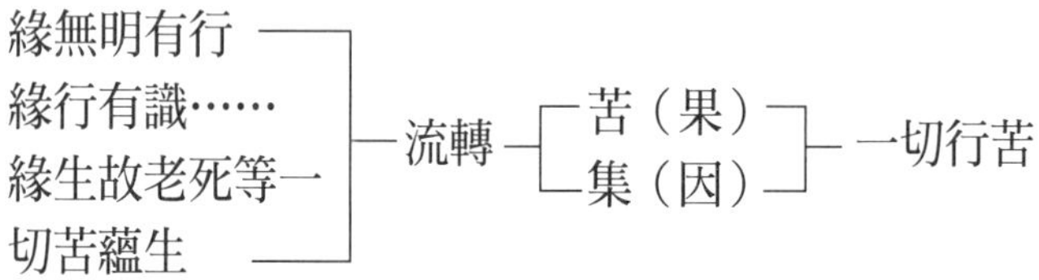

表 2：流轉十二因緣

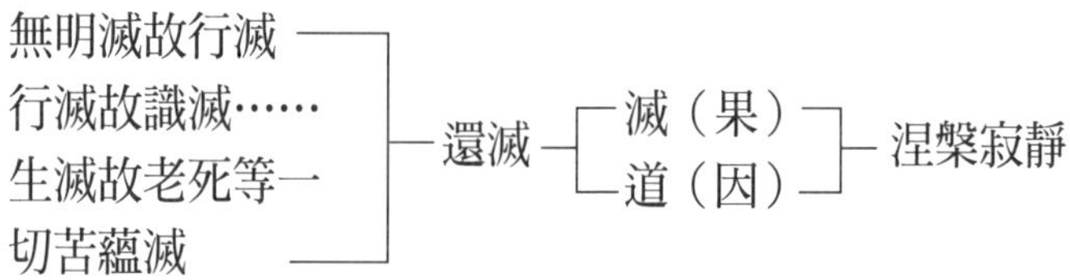

表 3：還滅十二因緣

入不二法門

◆泯除一切相對的境界

入不二法門指泯絕差別對待，悟入平等一如的境地，並非唯一之意。

在《維摩詰經》卷中〈入不二法門品〉中記載，維摩詰居士問文殊師利等三十二位菩薩如何入不二法門。諸菩薩有回答：「生滅不二」，或說「垢淨不二」，「善惡不二」，「罪福不二」，或「有可為、無為不二」，「生死涅槃不二」，文殊菩薩則答以「一切法無言無說，無示無識，離諸問答為入不二法門。」

最後，文殊師利菩薩也反問維摩詰居士：「何等是菩薩入不二法門？」對於文殊此問，維摩則默然不語。維摩這種以靜默而不言詮的回答方式，使文殊菩薩大為嘆服，而歎言：「善哉！善哉！乃至無有文字語言，是真入不二法門。」可說是具體表現了泯絕差別，入於平等一如的境界。後來一般人則以「不二法門」來形容唯一的方法。

三法印

◆三種印證佛法的原理與原則

法印（dharma-mudrā），是指「法之印記」，三法印也就是三個檢驗是否合乎佛法的原理，即諸行無常、諸法無我、涅槃寂靜等三法印。

三法印是釋迦牟尼佛在菩提樹下悟道，觀察整個宇宙間的實相，而歸納出的三個原理。

1. 諸行無常：「諸行無常」即是體認宇宙中的一切萬象一直都處在恆動的狀況，是不斷在緣起、緣滅現象中遷變。所以佛陀教導我們在時間的系統裡，一切都在無常的變化中。

2. 諸法無我：在空間系統上，事實上宇宙間並沒有獨立自主、不受其他因緣影響的自性存在。宇宙中的一切事物都是由條件所構成，這種條件所構成空間因緣，就是「諸法無我」。而這一切的現象，都是沒有自性，都是由條件所構成，

沒有恆常固定的自我存在。

3.寂靜涅槃：了知時間和空間的無明纏縛，讓我們體悟了諸行無常和諸法無我，就能安住在生命圓滿的境界中，不再有任何的生命障礙；並將得到最圓滿的解脫，證得究竟寂靜涅槃。釋迦牟尼佛針對印度乃至一切人間文化中對宇宙現象認知的錯誤，提出糾正；這也是三法印成立的因緣。

當時在整個印度的宇宙觀當中，主要是以「梵」為根本，不管梵是以人格的型態，或是一種超越意識的存在，基本上都視之為宇宙的第一因，也就是宇宙萬象的創造根本。在時間上，會執著於固定的創造開始時間點，而空間上必然執著於固定不變的「我」。

佛陀觀察到這樣的錯誤現象，了知他們只見到宇宙的一小部分，而有了錯誤的知見，並沒有看到全部的實相，不能了知整個宇宙完全是由因緣所生成的如幻現象，而提出三法印。

三法印能適用在一切現象的實相觀察之中；從宏觀到整個無量無盡的宇宙，到微觀的所有微細的分子、粒子，它是宇宙當中完全一貫的真相。所以三法印的觀察，也能應用在一切人間上；在一切現實的世間，我們都可以觀察到無我、無常的真實現象，並進而修證達到涅槃寂靜的境界。

而一切諸法也要合乎三法印，才是真正的佛法。除了三法印之外，也有所謂的「四法印」及「一法印」，四法印是在三法印之外，多加「一切行苦」而成為四法印，是指由於現象不斷的無常變化，但眾生卻執著於常，而衍生種種苦果，故說「諸行是苦」。

「一法印」又稱為「一實相印」或「實相印」，是指「寂靜涅槃」，即大乘佛法的重要思想，生死即是涅槃，涅槃即生死，不一不異，總括於一實相印中。

三智（一切智、道種智、一切種智）

◆聲聞、緣覺、菩薩及佛的智慧

三智是指三種智慧，在不同的經典中有不同的內容，最常見的是《大智度論》卷八十四中所說的「一切智」、「道種智」、「一切種智」。

「一切智」即了知一切諸法總相智。總相即空相，此智乃聲聞、緣覺之智。

「道種智」，又作「道種慧」、「道相智」，即了知一切諸法差別之智。別相即種種差別之道法。此智乃菩薩之智。

「一切種智」，又作「一切相智」，即通達總相與別相之智，即佛智。

而在《菩薩地持經》卷三中所的三智則是「清淨智」、「一切智」、「無礙智」。

「清淨智」，即觀第一義，斷除一切煩惱習，而離障無染之智；此乃如來之第一義智。

「一切智」，即了知一切時、一切界、一切事、一切種等一切法相之智，此乃如來世諦之智。

「無礙智」，又作「無滯智」。即於上記四種一切法相，發心即知，不假方便，不假思量，了達無礙之智；此乃如來世諦之智。此三智為三種般若中之觀照般若所攝，亦為一切種智所攝。

三聚戒

◆大乘菩薩戒律的分類

三聚戒即三聚淨戒（梵 tri-vidhānisīlāni），三聚淨戒是總括大乘菩薩一切戒律的三個分類，就是「攝律儀戒」、「攝善法戒」、「攝眾生戒」。

又作菩薩三聚戒，簡稱三聚戒。「聚」是種類的意思。以此三聚之戒法，無垢清淨，含攝大乘諸戒。此三聚淨戒是指：一、攝律儀戒，又作自性戒、一切菩薩戒，是捨斷一切諸惡，含攝諸律儀之止惡門。為七眾所受之戒，隨其在家、出家不同而分別有五戒、八戒、十戒、具足戒等戒條。

二、攝善法戒：又作受善法戒、攝持一切菩提道戒，謂修習一切善法。此為修善門，為菩薩所修之律儀戒，以修身、口、意之善迴向無上菩提，如常勤精進，供養三寶，心不放逸，守攝根門及行六波羅蜜等，若犯過，則如法懺除，長養諸善法。

三、攝眾生戒：又作饒益有情戒、作眾生益戒，即以慈心攝受利益一切眾生為利生門。《菩薩地持經》卷四舉出如：(1)對眾生所作諸饒益事，悉與為伴。(2)眾生已起或未起之病等諸苦及看病者，悉與為伴。(3)為諸眾生說世間、出世間法，或以方便令得智慧，等等十一種饒益有情的戒律。

菩薩的三聚淨戒的精神和小乘戒比起來是積極的，它和小乘戒雖採取同樣形式的律儀戒，但其說明卻具有積極的大乘精神。小乘戒只列舉不可為的事情，而大乘戒則多舉不可不為的事情。

關於禁止的戒，大小乘的精神也有不同。例如十重禁戒第一的殺戒，據唐．法藏引瑜伽戒品解釋說，如果菩薩看見盜賊為了搶劫財物將殺害許多人命或殺害大德聖者，想到那人若是這樣地做必將墮於地獄受極大苦，菩薩因不忍其墮入地獄受苦，決心讓自己代他入於地獄而殺了他，所謂「以憐愍之心，而斷彼命」。對眾生最大利益的抉擇，是菩薩戒的依止根本，但是無論選擇那一種做法，菩薩對自身必須承受的業報，是清楚而且坦然受之的。

三藏（經、律、論）

◆總括佛教聖典的三大類別

三藏（梵 triṇi piṭakāni）是指佛教聖典的分類：經藏、律藏、論藏三者，合稱為「法藏」。「藏」（梵 piṭaka）原來是指容器、穀倉、籠等意。據《大乘莊嚴經論》卷四中記，「藏」為「攝」之義，也就是總攝一切所應知之意。則「藏」為「諳記」之義，也就是容受所應知之一切教法之意。

1.經藏（梵 sūtrānta-piṭaka），音譯「素怛纜藏」、「修多羅藏」，意譯為「契經藏」，即佛所說之法，上契諸佛之理，下契眾生之機；有關佛陀教說之要義，皆屬於經部類。

2.律藏（梵 vinaya-piṭaka），音譯「毘奈耶藏」、「毘尼藏」，意譯為「調伏藏」，是指佛所制定之律儀，能治眾生之惡，調伏眾生之心性；有關佛所制定教團之生活規則，皆屬於律部類。

3.論藏（梵 abhidharma-piṭaka），音譯「阿毘達磨藏」、「阿毘曇藏」，意譯作「對法藏」。這是對佛典經義加以論義，化精簡為詳明，以決擇諸法性相；為佛陀教說之進一步發展，形成組織化、體系化的論議解釋。

經、律、論三者的發展，完整的總攝了佛陀的教法，也代表佛法的總體內容。

大慈大悲

◆佛菩薩救度一切衆生的大慈悲心

大慈大悲指佛菩薩濟度一切眾生的大慈悲心，又稱大慈悲。「慈」是給與快樂；「悲」是拔除痛苦。佛菩薩拔除眾生無邊之苦而予以喜樂，尤其佛更以無緣之大悲心度化一切眾生，所以大慈大悲一般多用於稱佛的慈悲。《觀無量壽經》中說：「佛心者，大慈悲是。以無緣慈，攝諸眾生。」

在《大智度論》卷二十七中說：「大慈，與一切眾生樂；大悲，拔一切眾生苦。大慈，以喜樂因緣與眾生；大悲，以離苦因緣與眾生。」

而一般所稱菩薩的大慈大悲，是和小乘相比較而有此稱，如果和佛陀相比較，菩薩則是假名為大慈大悲，只有如來的大慈大悲是最圓滿的。

五戒

◆在家佛弟子受持的五種基本規範

五戒（梵 pañca śīlāni）是指在家佛弟子皈依三寶之後，所必須受持的五種制戒，即：不殺生戒、不偷盜戒、不邪淫戒、不妄語戒、不飲酒戒等五戒。

五戒中的不殺生戒，尤其以不能殺人為主；殺人和自殺都是犯戒的，而興起殺人意念，製造殺人武器、教唆殺人等種種殺人方便也在此列。而在所殺害的對象中，又以殺諸佛、聖人、師長、父母等為重罪。

不偷盜除了單純的不能偷取、搶奪他人的物品之外，如果偷取整個社會資糧，而將成本丟給社會，則果報更重。

不邪淫，除了不與配偶之外的對象行淫之外，更不去破壞修道者的淨戒。

不妄語，最重要的是不能未證聖果而自言得證，這是大妄語。

以上四者根本戒，不飲酒是遮戒，意思是並非飲酒這種行為直接犯戒，而是因為飲酒可能亂性，而做出犯戒行為。在現代，除了酒之外，任何刺激神經系統，使人失去理智的興奮劑、毒品，如安非他命、海洛因……等毒品，比酒厲害萬倍，使用的話更是最嚴重的犯戒行為；此戒的主要意義在於不使用一切迷亂精神之物品戒。

五戒、十善是保護我們在世間生活之中，不墮入惡處的基本行為規範，五戒是止惡，而十善是揚善，都能使我們獲得世間的良善果報，能生於人道、天道善處，不會生於惡道。

六大

◆構成宇宙萬相的六種基本元素

在佛法中，將構成宇宙萬相的元素統合成六種基本的元素，稱為六大（ṣaḍ-dhātu），也就是地、水、火、風、空、識六種。

此種說法最早源於古印度對傳統物質世界的認識——地、水、火、風四大。他們認為一切物質和人身都是由此四大構成，人生病了，就是由於體內「四大不調」所致，後來這種說法被佛教加以融攝、昇華，進而發展出五大、六大、七大的說法。

五大是四大加上空大，密教的五輪塔就是五大的象徵。六大是五大再加上「識大」，密教現多以此說。七大是六大再加上，「見大」是《楞嚴經》獨特的說法。

六大指構成宇宙萬相的六種基本元素，也就是地、水、火、風、空、識六大。

一、地大：地的體性是堅固不動，能止住萬物，有能持萬物的作用，所以表現於形象是為方形，表示於色彩則為黃色，而其種子字為「阿」，表示地是能生萬物的根源，所以它本身有「本不生」的意義。

二、水大：水的體性為濕潤，有攝受萬物的作用，形象表現為圓形，色彩則為白色，水能浸透萬物，它的「形」沒有辦法究定，所以用「va」（縛）來象徵離言說之水大種子字。

三、火大：火的體性是軟性，有成熟萬物的作用，以三角形為象，以赤色來表色，火的性質，有成熟義，同時有燒盡萬物而使其清淨之作用，所以用ra（羅）字為種子字，象徵火大，有「無垢塵」之意義。

四、風大：風的體性為動性，有長養萬物之作用，以半月形（不動的方和動的圓相交成的形）表其形象，以黑色（不變而能含容一切色）為其色彩，風是動轉自在的，能含養萬物的，所以用訶（ha）字為種子字來象徵離因緣的風大。

五、空大：空的體性無礙，能包容一切，有不障之作用，以方圓不二的團形

六大體性表

六大……	地	水	火	風	空	識
性質……	堅	濕	軟	動	無礙	了別
業用……	持	攝	熱	長養	不障	決斷
形色……	方	圓	三角	半月	圓形	種種形
顯色……	黃	白	赤	黑	青	種種色
種字……	阿 a	縛 va	羅 ra	訶 ha	佉 kha	吽 hum
字義……	本不生	離言說	無垢塵	離因緣	等虛空	了義不可得

（或稱寶珠形）而表形，以青色為色彩，同時空有無差別平等義，有無礙涉入之德，以Kha（佉）為種子字，以象徵空大。

六、識大：「識」有了知之性質，有判斷或是決斷之作用，能以種種形為形，種種色為色，同時，「識」有摧破煩惱障礙之作用，所以用覺了義（或是摧破義）之吽（hum）字為種子字，以象徵識大。

心王、心所

◆心的主體及附屬作用

心王、心所（梵 citta-caitta），「心王」是指我們心的主體，「心所」指從屬於心王之精神作用。

用心王來做比喻，是因為心如國王總攬政治之大綱，所以稱為心王。心所，全稱為「心所有法」，是指伴隨心王而起，如同隨從臣屬擔任一部分職務。

小乘俱舍家把心王分立眼、耳、鼻、舌、身、意等六識，將心所立「十大地法」，也就是恆與一切善、不善等心相應之法，「十大善地法」，也就是恆與一切善心相應之法、「六大煩惱地法」，即恆與一切染污心相應之法、「二大不善地法」，也就是與一切不善心相應之法，指無慚、無愧二法與少分染污心相應之法，以及八不定地法，其生起並不確定之法，其稱之為「六位四十六心所」。

關於心王、心所所取所緣境之行相的不同，《成唯識論》卷五中說：「心於所緣，唯取總相。心所於彼亦取別相，助成心事，得心所名，如畫師資作模填彩。」例如，眼識緣色境中之青色時，心王只取青色之總相，心所則於其總相上取濃淡等別相，更進一步產生喜歡、厭惡的差別。

心意識

◆心的主體與作用

心意識是指心、意、識三者。心為梵語citta之意譯，音譯作「質多」，又作心法、心事，指執取具有思量（緣慮）之作用者。心是主體，意和識則是心之作用。其中心又有以下三種意義：

一、指心王及心所法之總稱，為相對於（物質）、身（肉體）而言，相當於五蘊中之受、想、行、識等四蘊。

二、指心王，屬五蘊之一，相當於五蘊中之識蘊，指統一心之主體——六識或八識而言。

三、對心、意、識三者，小乘有部等主張三者為同物之異名，然在大乘唯識宗，「心」則指第八阿賴耶識，含有積集之義，乃是諸法產生之根本體，所以也稱為集起心，即阿賴耶識蓄積種子而能生起現行之意。對此，前六識稱為

「識」，即了別、認識作用；第七末那識稱為「意」，即思惟作用。將心之主體與從屬作用分開時，前者稱心王，後者稱為心所。上記之六識或八識即為心王，心所乃指隨之而生起者，亦即細微之精神作用。

此外，一般所說的心也指肉團心（hṛdaya，汗栗馱），具有心、精神、心臟等義。

從各種情形所作有關心之分類有：真心（本來清淨之心，即自性清淨心）與妄心（煩惱污染之心）；相應心（與煩惱相應之心）與不相應心；定心（靜止妄念雜想之統一心、修定善之心）與有心（散亂心、修散善之心）等二心。或貪、瞋、癡等三心。或貪心、瞋心、癡心、等心（三毒之心並起）等四心；及肉團心（心臟）、緣慮心（取對象加以思考之心；共通於八識）、集起心（阿賴耶識）、堅實心等四心。

或卒爾心（始對外境所起之心）、尋求心（欲知之心）、決定心（決斷之心）、染淨心（生染污、清淨念之心）、等流心（持續念念相續而前後無異之心）等五心。即意識觸對外境時，順次而起之五心。此外，據《瑜伽師地論》卷一載，所謂八心（善心次第成熟過程之八心），即：種子心、芽種心、種心、葉種心、敷華心、成果心、受用種子心與嬰童心等。又據《大日經》卷一之分類，瑜伽行者之心相可分成貪心等六十心。

功德

◆行善業所得之果報

功德（梵 guṇa），是指行善業所獲之果報。

在《大乘義章》卷九中說，「功」是指功能，善業有資潤福利之功，故名為功；此功是其善行家德，名為功德。一般常以海來比喻功德之深廣，而稱為「功德海」，又因其貴重如寶而稱之為「功德寶」，還有「功德藏」、「功德聚」、「功德莊嚴」、「功德林」等多種名稱。

一般功德可以分為屬於人天福報的功德與解脫的功德二種。這並不是從功德的形式上來判斷，而是從心的執著所相應的。對於尚未了知空性之理的人而言，執著功德為實有，如此所獲得的果報就是人天的有漏善福。而對於了知如幻、空之實相的聖者和菩薩而言，他們了知罪、福的體性皆是空、如幻，而精進積聚福德，因此所獲之功德廣大不可思議，是無漏解脫功德。

四恩

◆生命中四種廣大的恩德

四恩是指一般眾生生命中所承受的四種大恩德，即：父母恩、眾生恩、國王恩、三寶恩。

父母恩是指父母親的生育、養育之恩，如果能真心孝養父母，其福德與供養如來功德等同無異。

經典中記載：佛母摩耶夫人生下太子之後，就往生忉利天。佛陀成道之後，為了報答母恩，就昇於忉利天宮三個月，為母親說法，使其入於正道，悟無生忍，常不退轉。而神通第一的目犍連尊者，在悟道後以神通力見慈母在餓鬼中受苦，哀涕稟告佛陀，佛陀教其以施盂蘭盆供，而使得母親脫離惡趣之苦，上生天宮。

眾生恩是無始以來，一切眾生輪轉五道，歷經百千劫，於多生中都是互為父母，因此，一切男子即是慈父，一切女人即是悲母。由於眾生於我們在過去生中有大恩故，猶如現在父母之恩德，等同無差別。

國王恩，國王是指統治國家者，其福德最勝，盡國界山河大地悉屬其所有。一個王者若以正法教化，能使眾生安樂。相反的，國王如果不依正法而治，人民將無所依止。以其能行正化之故，各種恐怖不會入於其國，而能成就以智慧眼照世間、以大福智莊嚴國王、以大安樂與人民等十種功德，使人民安居樂業，安心修行。

三寶恩是指佛法僧寶之恩。佛寶中具足六種微妙功德：1.佛為無上大功德田，2.佛陀對眾生具有無上大恩德，3.佛為無足二足以及多足眾生中尊，4.佛陀出世值遇如優曇華，5.三千大千世界只有一佛出世，6.佛陀為世出世間功德圓滿，為一切義所依止。由於佛寶具足如是等六種功德，常能利樂一切眾生，是名佛寶不思議恩。

法寶象徵實相，因此佛陀等聖眾之言說教化，及所流傳下來的經典文字等，都稱為法寶。由於法可引導眾生出離生死海，達於涅槃彼岸，因此對眾生有大恩德。

僧寶包含了菩薩僧、聲聞僧及凡夫僧。僧是指依於法而行的具體實踐者，雖然不一定完全是證得解脫的聖者，但卻是三寶住世的象徵，供養僧可獲無量福。

此外，也有說四恩是母恩、父恩、如來恩、說法法師恩等四者，或是父母恩、師表恩、國王恩、施主恩等。我們思惟自身能存現的種種因緣，常生感恩之心，並應該真實了知：唯有使一切眾生圓滿成佛，才是真正的報恩。

四緣

◆一切現象藉以生起的四類條件

四緣是指一切現象所藉以生起的四類條件：即因緣、等無間緣、所緣緣，與增上緣。在佛法說明萬法的因果關係時，曾立有六因、四緣、五果之說法。

1. 因緣：指生起某一現象的主要條件，例如竹器以竹為主要條件，竹就是竹器的因緣。有時因與緣是分開說的，就產生的結果而言，主要條件是因，次要條件為緣。但是在這裏是說因即是緣，所以稱為因緣。

2. 等無間緣：又稱次第緣，指前念為後念生起的原因，也就是認識活動形成的條件。由於前念已滅時，能為後念的生起開路，使後念得以產生。因此，前念為後念之緣。在心、心所之相續不斷狀態中，前後二念的所屬種類是相互關聯的。前行的思維大體規定後起思維的種類。前後之體等同，稱為「等」。而前念引導後念，其間相續無有障礙，所以稱為「無間」。又，前念心導引後念心產生，因此又稱為「次第緣」。

3.所緣緣：舊譯為「緣緣」，指諸心、心所攀緣的境界。也就是認識的對象。能思慮的心必須依托外境才能產生思慮。亦即外界客觀事物既能使主觀心識生起緣慮作用，又能限制其緣慮的範圍。可見外境本身既是所緣，又是一種緣。亦即為所起的「心」作「緣」，所以稱為「所緣緣」。

4.增上緣：指任何一個事物對於其他一切事物的影響與作用。此可分為兩類，一類是能促成其他事物生起的條件，如陽光、空氣、雨水、肥料等，此稱「與力增上緣」。另一類是不障礙其他事物生起的條件，稱為「不障增上緣」。

四聖諦（苦、集、滅、道）

◆佛陀成道首次宣說的四種聖諦

四聖諦（梵 catvārya rya-satyāni）是指苦、集、滅、道四諦。「諦」是真實不虛的意思，為如來所親證。四聖諦又稱為「四諦」，是佛陀成道後，在鹿野苑為五比丘初轉法輪，這是佛陀在人間最初的說法。在印度鹿野苑今日尚有初轉法輪塔的遺跡，又稱為「五比丘塔」。

相傳佛陀初成道時，思惟世間無有能體悟此難解之法者，世人難以信受，因此心想應入於涅槃。此時，大梵天王來到佛前，祈請佛陀愍念眾生，住世說法。佛陀慈悲地應允，而住世說法。四聖諦就是佛陀成道後在人間首次說法的內容。

「苦諦」是指苦的現象，「集諦」是指苦生起、積聚的原因，「滅諦」是指苦的止息、滅除之後的寂靜涅槃，「道諦」是通向涅槃的道路，也就是種種修道的方法。

佛陀在初轉法輪時，以三個層次來宣說四諦，第一說：此是苦，此是集，此是滅，此是道。這是說明四諦的定義。第二說：苦當知，集當斷，滅當證，道當修。這是勸發我們修行四諦。第三說：苦者我已知，集者我已斷，滅者我已證，道者我已修。此是佛陀舉自己已證得四諦之例，合稱為「三轉十二行相」。

四聖諦將生命痛苦煩惱的現象、原因，煩惱止息之後的涅槃境界，以及到達涅槃的方法，建立了清楚的次第及修持方法。

平等

◆一切執著分別完全泯除的境界

平等（梵 sama），是指在本質上並無差別，是佛法核心的精神之一。

在佛典中，有很多與「平等」有關的詞彙，如：佛是平等覺，自性法身是平等法身，佛陀的智慧是平等大慧，無差別之愛為平等大悲，佛法之悟，是了悟一切法平等的真理，不起差別見即是平等心。

《大智度論》卷一百中說，平等有「法平等」、「眾生平等」二種。其中說安住於「眾生平等」中，是指無論對親人、憎恨、所愛皆悉平等；而安於「法平等」中，則是於一切法中的分別，執著都消滅了，只見諸法空之實相，空即是平等。

佛陀體悟了諸法平等的實相，因此在行動上也展現了如實的行動，佛陀否定印度吠陀以來之種姓差別制，主張婆羅門等四姓平等無優劣，而開啟賤民奴隸可以和貴族一同出家成為比丘的先例，對種姓階級制度根深蒂固的印度社會，造成了極大的衝擊。

在《華嚴經》卷五十三〈離世間品〉中說，如果有菩薩安住於一切眾生、一切法、一切剎、一切深心、一切善根、一切菩薩、一切願、一切波羅蜜、一切行、一切佛等十種平等，可得一切諸佛之無上平等法。卷三十〈十迴向品〉另外舉出十種平等，即業、報、身、方便、願、一切眾生、一切剎、一切行、一切智、三世諸佛平等等。《大方等大集經》卷五十也列眾生、法、清淨、布施、戒、忍、精進、禪、智、一切法等十種平等。凡此均為廣說人、法、國土乃至諸佛等，悉皆平等無差別。

因果

◆宇宙萬象運作的法則

因果（梵 hetu-phala）指原因與結果。佛法觀察宇宙萬象運作的法則，而提出因果理則，也就是一切法皆是依因果之理而生成或滅壞。有因必有果，有果必有因。由因生果，因果歷然，而迷悟的眾生，也都是因果的顯現。

因與果有時並不是截然二分的，一個現象往往同時是因又是果。例如生病必定有致病的原因，生病是結果，但是生病之後，有的人受不了病痛，就開始脾氣暴躁，怨天尤人，使病情更加惡化，情緒更無法控制，於是這個病是果的同時，也是因，互為因果。

因果可分為：世間之因果、出世間之因果、迷界之因果、悟界之因果。如果依四諦而言，苦諦（苦的現象）、集諦（苦生起的原因）為世間迷界的因果。滅諦（苦息滅的境界）、道諦（滅苦的方法）是出世間悟界之因果。

無論是大乘小乘對因果都有具體的分類與論述。其中，小乘將因果關係，分別為六因、四緣、五果而作說明，比較著重於煩惱、業是如何產生、如何斷除等。大乘佛教則觀察緣起為因果互相關係的實相，以四緣、十因、五果為因果論的主要內容。

而一般所說的「善因善果」、「惡因惡果」，是指善的業因必有善的果報，惡的業因必有惡的果報。可稱為「善因樂果」、「惡因苦果」，這種有善惡業因則必有苦樂的果報，因果之理儼然，則之稱為「因果報應」。不相信因果，陷於否認因果的見解者，則稱為「撥無因果」。而從實踐修道上論因果關係時，因為修行之因能得開悟之果，此稱「修因得果」、「修因感果」、「酬因感果」。

佛性

◆眾生本具成佛的可能性

佛性（梵 buddhatā）是指眾生本具的「成佛的可能性」，也就是成佛之正因，又稱為「如來性」或「覺性」。

《大般泥洹經》卷四中說：「復有比丘廣說如來藏經，言一切眾生皆有佛性，在於身中無量煩惱悉除滅已，佛便明顯。」這是說一切眾生都有佛性，煩惱如果除滅了，佛性即得顯現。

是不是所有的眾生都能成佛、都有佛性？自古以來就有很多討論。在原始的小乘經典中認為，除了釋尊及彌勒菩薩之外，其餘的聲聞皆不能成佛，因此經中並沒有「一切眾生悉有佛性」的敘述。但在稍後的小乘諸部中，也有提倡此說者。

在一切有部等部派，並不認為一切眾生都有佛性，而是將眾生分成三類：(1)

決定無性者，也就是絕對無法成佛者，(2)有無不定者，是指不一定可以成佛者，(3)決定有佛性者，指必定可以成佛者。而分別部則主張以空為佛性，一切眾生皆由空所出，所以一切皆有佛性。

大乘佛教勃興時，對眾生是否有佛性也分成二派看法。如《涅槃》、《勝鬘》、《究竟一乘寶性》及《佛性》等經論都主張「一切皆成」也就是一切眾生皆能成佛，而《楞伽》、《深密》、《瑜伽》、《佛地》等經論則主張「五性各別」，這是指不定性眾生、無種性眾生（甘願耽溺生死輪迴，不願出脫者）、聲聞、緣覺、菩薩等各類眾生，各有差異。

宗派

◆有教義、信衆所形成的宗教集團

宗派，「宗」最早是指「宗旨」、「宗義」的意思，無論是一個人所主張的學說，或是一部經論的理論系統，都可以稱之為「宗」。

「宗」的第二個意義是教派，它是指有創始，有傳授，有信徒，有教義，有教規的一個宗教集團。後來一般所指的宗派，大約都是這個意義。

從中國佛教的發展中，我們可以看到：早期的「宗」是指「學派」，是以義理來區別的；而後期的宗是指「教派」，是依信眾而言的。後期的宗派形式構成了中國佛教的特色，也是現今一般所說佛教宗派的主要意含。這種發展與佛陀創教的模式是相近而合理的。因為佛法是生命的實證，不僅是思想義理而已，也透過生活來示現生命的真諦；素樸的師徒之間的生活與教學，更能彰顯佛法。

不同宗派的創立，並非各宗派所證悟的境界有別，而是眾生相應的法門，宗風不同，自然形成不同的宗派。以中國禪宗的「五家七宗」為例，中國禪宗的分宗並非各派宗旨有異，或是意見相違，及其他種種利害關係而致使分立，而是這些創宗的大師個個見地超凡，有個別的教法作略，使得仰慕者雲集門下，自然形成教化中心。

又如西藏噶舉派的祖師岡波巴大師，創立了塔波噶舉，他鼓勵弟子們發展流派，因而噶舉派有著名的「四大八小」的流派，各自弘化一方。這種自由的創發風氣，是佛教依於空的實相所形成的豐富面貌，也正是佛教宗派發展的核心精神所在。

法界

◆宇宙萬象諸法之根源

法界（梵 dharma-dhātu），指六識中意識所緣的一切境界。十八界之一。法界的「法」，原有軌持之意。即一切事物都能保持各自的特性，互不相繫，且能讓人理解其究為何物。「界」，有種族、分齊之意，即分門別類的不同事物，各守其不同的界限。另一說法則說法界總攝一切法，十八界中除去其中之「法界」外，其餘之十七界也稱為法界。

此外，關於「法界」，經典中尚有多種不同說法：

大乘佛教說「法界」時，大多指諸法之根源，即宇宙萬象的存在，其根源可以法界表示，因此「法界」與「真如」同義。

天台宗以生命存在的樣態，分為四聖六凡，而說十法界，含括了迷與悟的世界：*1.*地獄法界，*2.*畜生法界，*3.*餓鬼法界，*4.*阿修羅法界，*5.*人法界，*6.*天法

若人欲了知
三世一切佛
應觀法界性
一切惟心造

十法界圖

界，7.聲聞法界，8.緣覺法界，9.菩薩法界，10.佛法界。

其中，前六界為凡夫之迷界，也就是六道輪迴之世界；後四界乃聖者之悟界，加起來共是六凡四聖。這個說法本來出於《華嚴經》，後來成為天台宗智者大師所提出的「十界互具」、「一念三千」。

其實，我們所生起之任何一念心，無不屬於十界中之某一界。例如殺生等瞋恚心起，是地獄界。貪欲心起，是餓鬼界。愚癡心起，即畜生界。認為比他人優越的我慢念生起，為阿修羅界。人倫道德心起，是人界。如果與欲、色、無色的禪定相應，即是天界。若與四諦之理相應，即是聲聞界。如果和十二因緣相應，是緣覺界。如果和淨佛國土成就眾生願行相應，即是菩薩界。若與真如法界相應，則是佛界。如此，十界是本具的，悟而成四聖，即聲聞至佛等四界，迷而成六凡，也就是地獄至天等六界。

不只是人間如此，從地獄至佛等十法界的眾生皆是如此。因此，地獄眾生如果顯現本具佛性，即可自地獄解脫而成證妙覺圓滿的佛；果地究竟的佛身，也可倒駕慈航，於其餘九道化現無窮的濟眾聖業。

空（空性）

◆諸法為因緣所生無永恆不變的實體存在

空（梵 śūnya、śūnyatā）是佛教根本，相對於「有」，而具否定恆久不變存在實體之意。但並不是「無」或「虛無」。音譯「舜若多」，又作「空性」、「空寂」、「有非」等。

佛教所說的空有很多種意義，大致可以分為「人空」、「法空」兩類。人空又稱「生空」、「我空」，是以自我存在（ātman）的實體為空；法空則是指諸法都是因緣和合所生，並無實體存在。一般而言，小乘較強調「人空」，大乘則說「二空」。然小乘亦非全然不說法空，如《舍利弗阿毗曇論》闡明內空、外空、內外空、空空、大空、第一義空等六空。《大毗婆沙論》亦說明內空、外空、內外空、有為空、無為空、散壞空、本性空、無際空、勝義空、空空等十空。

特別強調空之思想者，是初期大乘的般若經典，以及彰顯《般若經》中空之義理的《中論》。「空」如果從理論與實踐二方面來分別，理論性的空，指一切物質無恒常不變的實體，乃無自性空；實踐性的空，指無所得、無執著的態度。

為了實證空所修的觀法，稱之為「空觀」空是佛法根本的義理，無論大乘小乘皆是如此。雖然大乘小乘所說的空境界並不相同，但根本上都是為了對治萬物實存有的錯誤觀念。大體而言，小乘主修「我空觀」，斷煩惱障；大乘修「我法二空觀」，斷煩惱障與所知障。

佛，是由於覺證體悟空性而得自在解脫的。所以從證悟的來說，空是一切法的真實性，是般若——菩提所覺證的。而對尚未悟道的修學者而言，雖然還未能證悟空的實相，卻是解粘釋縛的善巧方便；空，無所住，無著，無取等，是趣證的方便，是覺證的成果。

佛經中常以虛空來譬喻空，因為虛空是「無礙為性」、「色於中行」。「色」是指物質，其特性，是「礙」也就是實體的存在；而虛空特性，是「無礙」。無礙，不但是在物質的質礙以外，也與物質不相礙，因此常作為觀察空的方便。

色

◆指物質或是眼所見之外境

色（梵 rūpa）在佛法中有兩種意義，一是指相對於「心法」的「色」，也就是物質，第二種是指眼根所對應的外境，即眼所見之一切外境。

色指物質而言。時，是指相對於「心法」的「色法」，也就是色、受、想、行、識五蘊中的「色蘊」。

「色」作物質解釋時，具有「變壞」、「變礙」二種特性。「變壞」，指可以用種種器具去破壞其形體；「變礙」，又作「質礙」，就是物質和物質之間會互相障礙的意思。

色的另一種意思，是指眼睛所看到的外境，也就是五根的「眼」，所對應的「色塵」，為五塵之一。

在此所說的色，有「顯色」、「形色」二種。就其顯相而言，稱之為「顯色」，有青、黃、赤、白、影、光、明、闇、雲、躁、塵、霧十二種。就分量而言，指「形色」，有長、短、方、圓、高、下、正、不正等八種。以上共計二十種，稱為「色境」。

在色的分類上，有所謂的三種色，即「顯色」、「形色」、「表色」等三色。「顯色」，是指明顯可見之色，如青黃赤白、光影、明暗、煙雲塵露、虛空等色彩明暗。「形色」，是指固定形象可見者，如長短、方圓、粗細、高下等。「表色」，就是指行為動作，如行住坐臥、取捨、屈伸等。

此外色的種類可分成：「可見有對色」、「不可見有對色」、「不可見無對色」等為三種色。「可見有對色」，是指存在的物質而且是肉眼可見的。「不可見有對色」，是指存在的物質，肉眼卻不可見，如空氣、紫外線等物質都是存在，卻是肉眼看不見的。「不可見無對色」，是指存留在記憶中的物質，並非目前存在於外境，但是在腦海中卻能憶起各種曾見聞發生存有的情境。

陀羅尼

◆總持法的智慧或指真言咒語

陀羅尼（梵 dhāraṇī），意譯為總持、能持、能遮。原本是指能令善法不散失，令惡法不起的作用，而後世多指長咒而言。

經論中在提「陀羅尼」時，大約有二種用法：一是指「智慧」或「三昧」，也就是以「慧」為體，攝持所聞所觀之法，令不散失。第二種是指真言密語，因為咒語的一字一句，即具無量之義理，如果能持誦之，則能去除一切障礙，利益廣大，所以稱為陀羅尼。

苦行

◆為了求解脫或生天所行的特殊修行方式

苦行（梵 duṣkara-caryā），指為了求解脫、或達到某種願望所採取的較為特別、激烈的修行方式。

佛典中所說的苦行，主要指印度諸外道為求生天而採用的修行法。這種修行方式，種類繁多，方式怪異。有以灰塗身、有拔髮，甚至也有吃糞便的。

依據《大涅槃經》卷十六與《百論》卷上所記載，苦行外道大概有如下六類，他們認為這些苦行可以得道：

(1)自餓外道：不羨飲食，長久忍受飢餓。

(2)投淵外道：在寒冷時進入深淵忍受寒凍之苦。

(3)赴火外道：經常熱炙身體、薰鼻，甘心忍受熱惱。

(4)自坐外道：不拘寒暑而經常自裸坐在空地上。

(5)寂默外道：以屍林塚間為住處，寂默不語。

(6)牛狗外道：認為人的前世是牛、狗，於是持牛狗戒，啃乾草、吃髒東西，只求生天。

佛陀剛出家時，也曾隨學外道修行者，在苦行林苦修六年，甚至二天只吃一麻一粟。後來，他覺悟苦行並非正道，發覺縱使結果能夠生天，將來仍將墮入輪迴，並不能真正解脫。於是捨棄苦行，另求正法。

至於在《本生經》中載有佛陀前生曾捨棄國土、妻子，抉眼與人，割肉餵鷹，投身飼虎，截頭顱，捐髓腦等故事，也屬於苦行之一，但是這種苦行並不是為了自身的生天、得道等利益，而是利益眾生的六波羅蜜行，屬於菩薩利他大悲的聖行，與上述外道的苦行並不相同。

在中國及日本，有的名僧、大德為了護持法門而修苦行者也為數不少。日本方面，也有修驗道的行者在山中苦修，在寒冷天氣中修「水垢離」，也就是嚴冬的時候，以冷水沖身；真言行者的斷食、木食，就是不吃飯菜，只吃山中果實類食物，或隱居山中修行者，都屬於苦行之列。

眞如

◆指宇宙萬有的真實體性

真如（梵 bhūta-tathatā 或 tathatā） 指宇宙萬有的真實性，或本來的狀態，也是宇宙的理。徹悟真如之理，即是如來。小乘、大乘各派對此各有不同角度的說明。

「實相」、「如來藏」等，經典中真如的異名甚多，如：「法界」、「法性」、「平等性」、「不變異性」，這些都是和真如的意義都是同等的，只是名詞不同。

「真如」又稱名「如來藏」，或「如去」（如來），為實現法身之義，是覺性本身來落入無明的時空系統，但同時有大作用。

因此禪宗說：「在纏名如來藏，出纏名大法身」就是說，真如對身處於煩惱糾纏的眾生而言，是含藏卻不作用的如來藏，一旦出離煩惱，悟入解脫之後，則能起廣大妙用，稱之為「大法身」。

在佛法中有所謂的「真如觀」，也就是觀察無相平等之真如，得心想寂靜，伏滅諸煩惱，如《入楞伽經》卷三所言，觀察虛妄分別因緣，如實了知二種無我，如實分別一切諸法無實體相，安住平等、實相中，因此「真如觀」也就是「實相觀」。「真如」的不同名稱有許多種，《大般若經》卷三六〇列出十二種名稱，即真如、法界、法性、不虛妄性、不變異性、平等性，離生性、法定、法住、實際、虛空界，不思議界。《大乘阿毗達磨雜集論》卷二立真如、空性、無相、實際、勝欺、法界等六名。《法華玄義》卷八（下）立有十三種，即實相、妙有、真善妙色、實際、畢竟空、如如、涅槃、虛空佛性、如來藏、中實理心、非有非無中道、第一義諦、微妙寂滅。

如此觀察真如，能體達一切法無相平等之理，能伏滅諸煩惱，成就佛道。

皈依

◆皈命佛、法、僧三寶

皈依（梵 śaraṇa），為「歸投」、「仰仗」、「依託」之義，佛教的皈依，是指皈依佛、法、僧三寶，則此身得以安全，此心得以無憂，所以稱為「歸依」。初學佛者，經過三皈依的儀式之後，正式成為佛弟子。

皈依佛，是皈依圓滿的大覺者佛陀，他是悲智圓滿的聖者，是我們生命的導師；皈依佛就是祈願在佛陀的教導下，同樣圓滿成佛。皈依法，是皈依正覺的真理，諸佛依法成佛，我們皈依法就是投入佛法正覺的大流，直度生死海達到圓滿的佛境。

皈依僧，是皈依修學正覺真理的團體，僧是僧眾，是修學正覺真理的團體，「僧」是「僧伽」的簡稱，義譯為「和合眾」。依佛法出家四人和合共住者，稱為「住持僧」；上之有依法修證得三乘果位者，稱為「聖賢僧」；有直依大乘法門而修而證者，稱為「菩薩僧」。僧是三寶所顯示的外在形貌，並不是某一個個人，皈依僧就是投入這個修學正覺真理的團體，向他們學習，最後達到圓滿。

皈依，就像我們將人生的方向盤鎖定方向，是身、語、意等一切生命，都以佛法為依止，皈命於三寶，同時也得到三寶的護佑。

頭陀行

◆修治身心、淘治煩惱的梵行

頭陀行，又稱十二頭陀行（梵 dvādaśa-dhūta-guṇāḥ），是指修治身心，淘治煩惱塵垢的十二種梵行。又稱「十二頭陀法」、「十二杜多功德」、「頭陀十二法行」。

所謂頭陀（dhūta），意思是「抖擻」、「淘治」、「修治」。而十二頭陀行是指以下的十二種行法：

⑴常行乞食：指離諸貪求，不受他人請供，常行乞食，對乞得食也沒有好惡之念，乞食不得也不生起嫌恨之心。

⑵次第乞食：指行乞時不會選擇乞食施主家之貧富，只是次第逐行乞食。

⑶受一食法：又稱一坐食或一受食。這是指一日僅受一食，其認為一日數食有礙一心修道。

(4)節量食：又稱「一揣食」、「不過食」。這是在每餐中節計食量，避免吃得太飽，腹滿氣脹有礙損道業。

(5)中後不得飲漿：又名「過中（午）不飲漿」、「食後不受非時飲食」。這是指午餐之後不飲漿、不進食。這是因為飲之心生樂著，不能一心修習善法。

(6)著弊納衣：又稱「著糞掃衣」或「持糞衣」。這是以撿來的陳舊廢棄之物，洗乾淨後作衲衣禦寒。因為貪求新好的衣服，容易引起慾望而損害道行。

(7)但三衣：只持有安陀會、鬱多羅僧、僧伽梨之三衣，不多不少。

(8)在阿蘭若處：又稱「無事處坐」、「空寂處住」。「阿蘭若」是指遠離聚落的空閑寂靜處，常在阿蘭若處修道，遠離憒鬧、欲塵以求道。

(9)塚間住：又稱為「屍林住」或「死人間住」。這是指常安住於塚間，能常見到死屍臭爛狼藉，或火燒鳥啄，而生起無常苦空之感，以厭離三界。

(10)樹下止：如果於塚間安住，修持一段時期，尚不得道，就如同佛陀之所行至樹下思惟求道。

(11)露地坐：又名「空地住」、「顯露處居住」或「常居迴露」。這是指坐露地令心明利，以入空定。

⑿但坐不臥：又稱「坐常不臥」，或單稱「常坐」。這是指常坐不安臥。這是因為安臥易生懈怠，則諸煩惱賊常伺其便。

以上十二種行法中，常行乞食、次第乞食、受一食法、節量食及中（午）後不得飲漿，是有關飲食的行法。著弊納衣、但三衣是關於衣著之行法。在阿蘭若處、塚間住、樹下止及露地坐是有關住處的行法。但坐不臥是有關威儀的行法。求道者如果於此四者無所貪著，則能棄除身心之惡法，專心佛道。現代人修行的環境與古代差異極大，並不一定適用這十二種頭陀行，但是精進求道、勿令懈怠的根本精神卻是不變的。

般若

◆指悟入實相的智慧

般若（梵 prajñā）為真實的智慧，也是我們修學佛法的最後目標。又譯作「波若」、「般羅若」，意譯為「慧」、「智慧」、「明」、「黠慧」。透過修習八正道、諸波羅蜜等，而顯現之真實智慧，即稱般若。菩薩所修學的六波羅蜜中，其中為首要者就是「般若波羅蜜」，也就是智慧波羅蜜。般若又稱為「諸佛之母」，成為其他五波羅蜜之根據，而居於最重要之地位。

般若依對象不同，可分為二種般若、三種般若、五種般若等。

二種般若是指實相般若與觀照般若。實相般若，是以般若智慧所觀照一切對境之真實絕對者；此雖非般若，但可起般若之根源，故稱般若；觀照般若，就是能觀照一切法真實絕對實相之智慧。這二種加上文字般若，就是「三種般若」。

文字般若是包含實相、觀照般若之般若諸經典。

我們可以用閱讀佛經的過程來說明三般若：

第一個階段的「文字般若」，就是對經文文字的正確了解，能貫穿文字的含意。這個階段，就好比我們擁有一張正確的地圖，可以幫助我們到達目的地。

第二個階段的「觀照般若」，這是不僅止於文字了解，更進一步能統攝經文中的觀念，並與生活相應，生活中就依照經典的精神來實踐。這樣日漸深化，最後我們的心念、言語、行動，都不離經中的智慧。這就好比我們依照地圖，實際行動，日漸趨近目的地。

第三個階段是「實相般若」，經過不斷的純熟、實踐，到最後經典中的境界現前，不必再經過意相分別，就是這樣如實的境界。這就好像我們按著地圖走到了目的地一樣。

實相、觀照、文字三般若如果加上境界般若（般若智慧之對象的一切客觀諸法）、眷屬般若（隨伴般若以助六波羅蜜之諸種修行），則稱五種般若。

曼陀羅

◆佛菩薩的尊像或種子字排列配置的圖樣

曼陀羅（梵 maṇḍala）是指將佛菩薩等尊像，或種子字、三昧耶形等，依一定方式加以配列的圖樣。在古代印度，原指國家的領土和祭祀的祭壇。又譯作曼拏羅、滿荼羅、曼陀羅、漫荼羅等。意譯為壇城、中圍、輪圓具足、壇場、聚集等。

曼陀羅的梵語，是由意為「心髓」、「本質」的 maṇḍa，以及意為「得」的 la 所組成的。因此「曼陀羅」一詞即意謂「獲得本質」。所謂「獲得本質」，是指獲得佛陀的無上正等正覺。

曼陀羅，是諸佛、菩薩、聖者，與我們相互交會的聖域。透過曼陀羅，諸佛菩薩顯現了他們的真相、誓願、心要與淨土，讓我們能夠完全與他們交會。

曼陀羅（梵 maṇḍala）是指把佛菩薩的尊像及代表心要的梵文種子字、表示本

法曼陀羅

誓的三昧耶形，及在各種因緣場域中的行動，用一定的方式加以配置排列，所顯現的圖樣。

一般所稱的曼荼羅可分為四種：稱為四種曼荼羅，簡稱四曼。即：

1.大曼荼羅：諸尊具足相好容貌的圖畫，稱為大曼荼羅（尊形曼荼羅），相當於金剛界曼荼羅中的成身會。

2.三昧耶曼荼羅：即示現諸尊的本誓三昧耶，也就是將表示本誓的法器、持物，以圖示象徵的三昧耶圖繪表示，稱為三昧耶曼荼羅，相當於金剛界曼荼羅的三昧耶會。

3.法曼荼羅：這是諸尊的種子及真言，或書寫種子梵字於諸尊的本位，或以法身三摩地以及一切經論的文義等來表現，稱為法曼荼羅（種子曼荼羅），相當於金剛界的微細會。

4.羯磨曼荼羅：將諸尊的威儀事業鑄造成像，形成立體、行為的三度乃至四度空間的行動性曼荼羅，稱為羯磨曼荼羅，相當於金剛界的供養會。

淨土

◆清淨的佛土

淨土（梵 buddha-kṣetra）指清淨的佛土。又作清淨土、清淨國土、清淨佛剎、淨剎、淨國、淨邦、淨世界、淨妙土、妙土、佛土、佛剎、佛國。即相應於諸佛因位之本願而成立的清淨莊嚴國土，是佛所居住之處，相對於世俗眾生所居的「穢土」，所以稱之為「淨土」。

淨土思想的起源很早。印度婆羅門教，認為淨土是毗濕奴所在的天界。在原始佛教或部派佛教，並沒有他方佛與他方世界的說法，因此並沒有大乘所說的「淨土」觀念。而大乘佛教則主張有無量諸佛。諸佛在其國土教化眾生，如阿彌陀佛的西方極樂世界、阿閦佛的東方妙喜世界、藥師佛的東方琉璃光世界等即是。淨土乃諸佛於因位起淨佛國土之本願所形成的。

由於諸佛於因位所發之誓願，除了共同的誓願外，還有特別的誓願，因此，淨土的方位、莊嚴的形態及住民之種別等隨之而有差別。

在諸佛淨土之中，阿彌陀佛的極樂淨土在後世成為淨土思想的中心。其實在早期，往生彌勒兜率天的思想亦曾盛行。

「淨土」是相對於「穢土」而有的，也是眾生心中理想國的實現。淨土有其殊勝的因緣，不管是外在的器世間，乃至生活其上的淨土行人，都有著共同與不同隨類相依的殊勝緣起，以及建構淨土的菩提力用。

淨土與穢土對照表

項目	淨土	穢土
自然環境	土地平坦，清淨整潔、光明莊嚴，常是諸寶所成	瓦礫山谷、雜穢混亂、昏闇醜惡
物產氣候	物產自然富足、水質清香、綠樹華香、氣候溫和	貧瘠不均、天候不定
惡道眾生	沒有地獄、畜生、餓鬼等三惡道	不斷出生地獄、畜生、惡鬼等三惡道
眾生體形	身形端正美麗、身體健康、絕諸病惱、壽命自在、無有刑罰。	身相短小雜陋、身體脆弱、病惱煩多、壽命短促、刑事多罪
福報	光明喜樂的幸福所在，淨土的人具足了種種福報，身心受用圓滿	充滿了種種痛苦煩惱

智慧

◆徹底解除生命煩惱的境界

智慧即般若（梵 prajñā）之義，佛教最後的目的在於獲得開悟的智慧。佛法等智慧歸納成多種型態：世間的有漏智慧、初證悟佛法的智慧、聲聞阿羅漢的智慧、辟支佛（緣覺）的智慧、菩薩種種階位的智慧、佛陀最高的智慧等不同。

要證得佛法的無上智慧，應當經常以「聞、思、修」三種有漏智慧為方便。由聞法而獲得的智慧，稱作「聞慧」；由正思惟而得來的智慧，稱作「思慧」；由修行而來之智慧，稱作「修慧」。「慧」與「智」為相對的通稱，而三學中的「慧」、六波羅蜜中的「般若波羅蜜」都是慧。

慧（prajñā）是廣義的智慧。根據論典，「慧」含有善、惡、無記等一切知性作用，包含了一般凡夫的世間智慧到無漏聖者的最高智慧。般若，被認為是最高的智慧，般若波羅蜜則是最高完全智慧的意思。

智（jñā）主要是用來形容開悟的智慧。「盡智」、「無生智」、「正智」等皆為阿羅漢的智慧；「智波羅蜜」是十地菩薩的智慧，「成所作智」、「妙觀察智」、「平等性智」、「大圓鏡智」與「法界體性智」則是如來五智，「一切智」、「道種智」、「一切種智」（一切智智）三智，分別為二乘（聲聞、緣覺）、菩薩、佛的智慧，均屬悟的智慧。「智」有時也被用做與「慧」同義，也有將有漏的「慧」稱「智」者。

智慧可分為「有分別智」及「無分別智」（根本智）二種。有分別智，是指附帶名言、種類等分別而起的智慧，亦即對境而非取其自體；無分別智，是指菩薩入於初地見道時，緣一切法之真如，斷離所取與能取之分別，境智冥合，平等而無分別，此時之智即為「無分別智」。無分別智就是觀「色即是空」之空的智慧，即為根本智，也是《大智度論》三智中的一切智。

要如何到達最高證悟的境界？首先，是在見地觀念上去了解一切法無我與無自性，且心中對無我、無自性的觀念不起疑惑，並能解說無礙；其次，依無所得無執著的態度，從事與無我無自性見地相應的活動，而得以自在無礙。自在無礙即是不用心力，自然如法、自然法爾的智慧，即是無分別智。此為最高的智慧，即大智——般若波羅蜜。

證得無分別智的佛菩薩，並非就此止步不前，而是依此無分別智從事救度眾生的慈悲活動。此時，此種智慧又成為覺察救度對象的有分別智，不同的是，這種智慧乃是獲得最高無分別智後所產生的，與以前的有分別智根本不同，所以稱為「有分別後得智」。如果以三智來分別，此智慧在菩薩為道種智，在佛為一切智或稱為「一切種智」。

無生

◆無生無滅的法界實相或涅槃的境界

無生有兩種意義，一是指諸法無生無滅的實相，一是指阿羅漢或是涅槃的意思。

無生又作無起，是指諸法實相無生滅，與「無生滅」或「無生無滅」同義。所有存在之諸法無實體，是空，所以並無生滅變化可言。但是凡夫迷此無生之理，起生滅之煩惱，故流轉生死；如果依諸經論觀無生之理，則可破除生滅之煩惱。

此外，阿羅漢也稱為無生，阿羅漢有不生之義，即斷盡三界煩惱，不再於三界受生之意。自涅槃無生滅之觀點言，即指覺悟涅槃，亦即證得無生身；極樂為契合涅槃之世界，因為這層意義，極樂世界又被稱為「無生界」。

無生法忍（無生忍）

◆徹底認知並安住於空、實相之法

無生法忍（梵 anutpattika-dharma-kṣānti）又稱無生忍。指對無生之法理的認知。即徹底認知空、實相之真理而安住之。對「一切法不生不滅」之理，能夠確切地掌握。此處之「忍」，是「確認」、「確知」、「安住」之意。

《大般若經》卷四四九〈轉不轉品〉中說菩薩觀諸法空，入見道初地，始見一切法畢竟不生之理，名無生法忍。

在《大智度論》卷八十六中則說：聲聞入見道見四諦理，及菩薩入初地，諦忍諸法無生無滅之理，住不退轉地，是為無生法忍。

無住

◆不執著於一切現象、外境

無住（梵 aniketa），是指不執著於某一對象之意，為「空」之一種狀態。《維摩詰經》卷中〈觀眾生品〉云：「又問：顛倒想孰為本？答曰：無住為本。又問：無住孰為本？答曰：無住則無本。文殊師利，從無住本立一切法。」

鳩摩羅什解釋說：一切諸法無有所住，亦不可見，因為其空性無異的緣故，因此諸法無住無依，只是以名字施設而有，皆是空寂無有自性，無住而住。

《金剛經》中的「應無所住，而生其心」在中國佛教中影響深遠，對《金剛經》的修證具有極大的意義。但是，如何不執著的生起心想呢？

如果將「應無所住，而生其心」這一句的現觀次第改變，而成為「生其心時，應無所住。」也就是各種心想生起時，不去執著、續想，如此「生心無住」，就可做為極佳的修行入手處。

無我

◆諸法由因緣所生，無有恆常不變的實體

無我（梵 anātman），是指宇宙一切萬相都是因緣和合而成，並無恆常不變的主體，可說是「空」的同義語。

「無我」是佛教的根本教義之一，指外道及凡夫所執的「實我」及凡夫所妄計之「我」是空無的；「諸法無我」為三法印之一。這也是指出一般人認為「生命中之不變的靈魂」及「萬法的實體」的錯謬觀念。

佛法中的無我有兩種：*1.*人無我，指人是由五蘊假合而成，並沒有「常恒自在的主體（我）；2.法無我，指諸法乃因緣和合而生，不斷變遷，並沒有「常恒的主宰者」。

在《阿含經》中說，構成我們身心的「五蘊」及六根對應六塵的十二處，及十八界等，都是假有，無實體、無我之存在。

在大乘佛教的思想中，認為「人我」、「法我」都非實有，而主張「人無我」、「法無我」，又稱「人空、法空」。又，原始佛教所說之「無我」，大乘佛教多稱為「空」。由此可知，「空」可說是「無我」的同義語。《大智度論》卷二十二說：「一切法無我，諸法內無主、無作者、無知、無見、無生者、無造業者，一切法皆屬因緣，屬因緣故不自在，不自在故無我，我相不可得故。」

這是說一切現象無我，是在許多條件下建構起來的，並不是自在的、有一恆常不變主體性的實有存在，所以是「無我」的。以「無我」來觀察生命中的一切現象，能使我們悟入實相。

無諍

◆使一切生命不生起煩惱、和合無爭

無諍（梵 araṇā），「諍」是「諍論」，為煩惱的別名。「無諍」是指使一切有情不生起貪瞋痴等煩惱的能力，一般來說是阿羅漢與佛所具有的能力。

在《大智度論》卷十中說：「須菩提於弟子中得無諍三昧最第一，無諍三昧相，常觀眾生，不令心惱，多行憐愍。」在《注維摩詰經》卷三中說：「無諍有二：㈠以三昧力將護眾生，令不起諍心。㈡隨順法性，無違無諍。」無諍有二種意義，一種是以無諍三昧的力量守護眾生，使其不生起諍心，另一種意義是隨順法性，無違無諍。須菩提在五百佛弟子中，以解空第一著稱，常善於隨順法相，無違無諍，內心無諍，對外也善於調和大眾是第一離欲阿羅漢。

諍有三種，一是指身心各種煩惱相互侵擾，稱為「煩惱諍」，二是指身心五蘊散壞的死亡，稱為「蘊諍」，而生命之間互相凌辱，以言語相攻訐，則稱為

「鬥諍」。

透過修行，能使此三種諍論止息不起，稱之為「無諍」。在《瑜伽師地論》中說和合方便，共為一事，名為無諍。

無諍是佛弟子修行中的重要德目之一，不只部派佛教於此有詳細的闡述，到大乘佛教時，也有進一步的發揮，稱之為「無諍三昧」，更是大乘佛典中所常見的修行方法之一。無諍三昧，是指隨順空性之理，無違無諍的三昧，多被用來稱讚離欲之阿羅漢。其中最著名的是須菩提尊者。又經中說：「善吉（須菩提）於五百弟子中解空第一，常善順法相，無違無諍，內既無諍，外亦善順群心，令無諍訟，得此定名無諍三昧也。」

這是說須菩提在佛弟子中是無諍三昧最為第一者，常以無諍三昧來觀察眾生，不使其心生煩惱，多行憐愍。在這個鬥諍侵擾的時代，「無諍」可以說是人間最清涼的甘露法雨。

菩提

◆開悟解脫的智慧

菩提（梵 bodhi），是指開悟的智慧，意譯「智慧」、「知」、「覺」。舊譯又為「道」。

菩提是佛教的根本教義，佛教主要的教義，可以說就是在說明菩提之內容，及證取菩提的實踐修行方法。佛教的禮拜對象，即為獲得菩提的覺者。

菩提又可分為三種菩提與五種菩提，三種菩提是指三乘聖者所悟的不同境界：

(1)聲聞（阿羅漢）所得的聲聞菩提（阿羅漢菩提）；(2)獨覺所得的獨覺菩提；(3)佛所得的菩提。其中，前二種菩提係唯斷煩惱障而得之菩提；而佛菩提則一併斷除煩惱、所知二障而悟得者，乃究極而無勝之者，又稱之為阿耨多羅三藐三菩提、無上菩提。

此外，《大智度論》卷五十三則有五種菩提：

⑴發心菩提：凡夫於生死中，初發上求佛道、下化眾生的大心，名發阿耨多羅三藐三菩提心，所以名為發心菩提。

⑵伏心菩提：發心之後，就依本願去修行，從六度的實行中，漸漸降伏煩惱，漸與性空相應，所以名為伏心菩提。

⑶明心菩提：折伏粗煩惱後，進而切實修習止觀，斷一切煩惱，徹證離相菩提——實相，所以名為明心菩提。這三種菩提即趣向菩提道，超凡入聖的三階，是般若道。前發心菩提，是發世俗菩提心；而明心菩提是發勝義菩提心。悟到一切法本清淨，本來涅槃，名得真菩提心。

⑷出到菩提：發勝義菩提心，得無生忍，以後即修方便道，莊嚴佛國，成熟眾生；漸漸地出離三界，到達究竟佛果，所以名為出到菩提。

⑸究竟菩提：斷煩惱習氣究竟，自利利他究竟，即圓滿證得究竟的無上正等菩提。這五種菩提，從初發心到調伏、修行的過程，乃至圓滿的證悟，都有明確的理路與實證方法，可以說是含攝了佛法的整體內容。

業

◆指造作、行為，招感種種苦樂果報之因

業（梵 karman），音譯羯磨，為「造作」、「行為」的意思，也就是招感種種苦樂果報的原因。

「業」的思想，原本是印度獨特的思想，印度人認為業是招致輪迴轉生的一種動力。佛教融攝了這個觀念之後，認為「業」為因，能招感苦樂染淨的果報。對一般凡夫而言，由煩惱起行業，又業再招感苦果，產生種種果報。

業可以分成很多種類，但大體上不出身業、語業、意業三種，也就是行為、語言、心念等三種。

業所招感的果報，稱之為「業報」，而業報之中，決定個人貧富、壽夭、命運的業，稱為「滿業」。決定人之共性與共同物質生活條件之業，稱為「引業」。

例如受生為人、畜生等果報之總相，稱為「總報」；雖然同樣受生為人，但是有貴賤、智愚、美醜等差別，則稱為「別報」。而受報之主體，也就是有情之身心，稱為「正報」；有情所依止之國土、外境生活物質條件等，稱為依報。又國土、山河等為眾多有情所共同受用之果報，係由共業所招感，故稱「共報」或「共業」。

業為感果之因，所以稱為業因；牽引業之力，稱為「業力」；業之作用，稱為「業用」；繫縛有情，令不自在，稱為「業縛」、「業繫」或「業繩」；其所感之果報，稱為「業果」或「業報」。

除了「業」之外，常見的類似名詞還有「業力」、「業障」等。「業力」是的指業會造成果報，是有力量的，所以稱為「業力」。「業障」則是指造作惡業所產生煩惱、障礙。惡業與煩惱並稱「業結」、「業惱」。惡業所生之障礙，稱作「業障」、「業累」。由業可招感果報，所以也稱為「業感」。過去世所造之業，稱作「宿業」，或「前業」。宿業所報之壽命，稱「業壽」、「業受」。因宿業而無法避免之重病，稱作「業病」。宿業所引起之災厄，稱「業厄」。

又以業之如影隨身，所以也稱為「業影」。業能將眾生繫縛於迷界，故作「業繫」、「業縛」、「業繩」。業就像網一樣，將人罩於迷惑三界，所以稱為「業網」。

此外，惡業的作用有人比喻為火、魔、賊，而稱為「業火」、「業魔」、「業賊」等。相傳地獄中獨照眾生善惡業的鏡，或秤、記錄簿等，分別稱為「業鏡」、「業秤」、「業簿」。

而惡業的力量如風之強猛，所以有「業風」之稱。在地獄中受刑的眾生，身體被肢解之後，業風一吹，又再復原、受苦，如是週而復始，受苦無間，直到業報受盡。能招感無間地獄（果報）的業，稱為「無間業」。

此外還有所謂的「淨業」，在《觀無量壽經》所記載，布施、持戒、行三福為往生淨土之正因，而有「淨業」，後來衍伸之，將所有念佛等願求往生淨土之行法，都稱為「淨業」。

實相

◆宇宙一切萬象的真實理法

實相（梵 dharmatā），原來是指「佛之所悟」，原義為本體、實體、真相、本性；引申而指一切萬法的實相，或真實之理法、不變之理、真如、法性等。

鳩摩羅什譯典中的「實相」，含有「空」之意義。這是龍樹以來所強調的。而「諸法實相」之說，乃是大乘佛教之標幟，也就是相對於小乘佛教立三法印——諸行無常、諸法無我、寂靜涅槃，大乘佛教用「實相印」來指稱一切諸佛的真實相狀。各宗派所說的「諸法實相」，說法雖然依各宗而異，內容卻是相同的。

實相的相狀，一般認為不能以言語或內心推測，但是又非離於事相而存在，天台宗提出理事不二。

如，天台宗的「理事不二」（原理和現象不二）；《般若經》等大乘經典所說的「不可得空」都是指實相而言。

在《大智度論》中更分析了一般世俗、外道所說的實相，及小乘和菩薩所說的實相義不同的差別：

《大智度論》卷十八中說，世俗經書中雖說諸法實相，但只是為安國全家、身命壽樂，故非真實；外道經典中雖說諸法實相，但彼等係墮於邪見法中，故亦非真實；聲聞佛典中，雖以無常、苦、空、無我觀諸法實相，但彼等僅求脫免老、病、死、苦，智慧不具足，故未能究盡實相；唯獨菩薩從初發心發大弘誓，起大慈悲，供養一切諸佛，有大利智故捨妄見心力諸觀，觀諸法非淨、非不淨，乃至非我、非無我，又捨如是一切觀，言語道斷、心行處滅，是為諸法實相。而了悟實相，也就是覺悟了諸佛所悟的內容，也就是成佛。

緣起

◆依緣而起，指依條件而產生結果的原理

緣起（梵 pratītya-samutpāda），為「依緣而起」，也就是依條件所發生結果的原理，是指現象相互依存的關係。緣起法是佛教核心的法義之一。

在《雜阿含經》中說：「我論因說因。……有因有緣集世間，有因有緣世間集；有因有緣滅世間，有因有緣世間滅。」生命的生死流轉，一般人認為是生命的自然現象，但是，生從何處來？死往何處去？絕大多數的人卻是不清楚的，只能無奈的接受這個事實。然而佛陀是徹見宇宙真相的一切智者，因此，生命如何產生、如何流轉、如何還滅，佛陀已完全通達，並將這個宇宙實相告訴了我們。

佛陀觀察宇宙的遷變，了知一切都是由條件所構成；凡是構成現象本身的，就是這個現象的條件，也就是「因緣」，因是主因，緣是助緣。而宇宙間一切法相的生滅變異，沒有一樣能離開因緣，一切都依於因緣。

生命之所以能夠朝向光明、能夠修行、能夠成佛，也是在這生滅因緣的把握中，依據宇宙實相、佛陀的教化去實行，去除染污，而達到還淨的歷程。人生現有的苦難，我們追究苦難的還滅。當我們了知一切苦難生起與消滅的條件，使應生的生起，該滅的還滅，而入於正道。這也是釋尊初轉法輪時開示四諦的原由。而四諦即是染淨因果的總解說。

因緣有雜染的也有清淨的，而對生命的生死流轉，佛陀以緣起法來解說。緣起法的定義是「此有故彼有，此生故彼生」，以此來說明一切萬物相互依持而存在的法則。而因緣法的內容則是：「謂無明緣行，行緣識，識緣名色，名色緣六處，六處緣觸，觸緣受，受緣愛，愛緣取，取緣有，有緣生，生緣老病死。」佛陀說這是「純大苦聚集」。

由於無明的蒙昧、愛的染著，生死識身不斷的相緣，不斷的流轉於生死苦海；苦因、苦果，一切在無可奈何的苦難中成為「純大苦聚」，這是有情的一切，也是生命的瀑流所顯現的宇宙現實。

依緣起而成的生死相續，有「緣起」與「緣生」兩者。「緣起」是世間成立的因果理則；而「緣生」是因果所顯現的具體現實。宇宙的一切依緣起而成立，依緣生而現前。了知因緣的理則，緣起、還滅的過程，就能夠解脫煩惱輪迴，到達寂靜涅槃的境界。

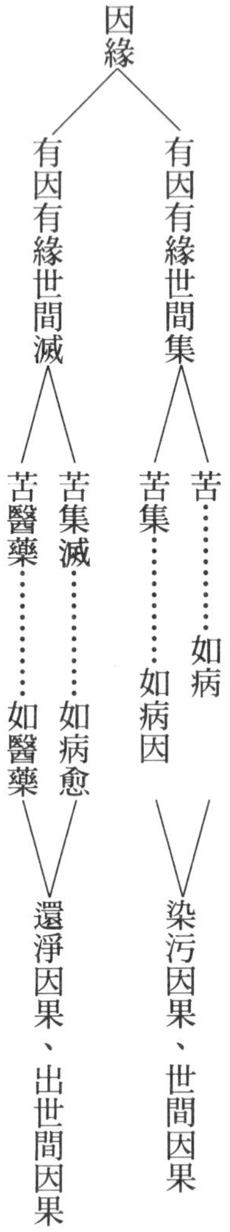

業感緣起

◆宇宙一切現象皆業力所招感

「業感緣起」是緣起論的一種，這是指宇宙一切現象都是眾生業力所招感而有。「業」是指有情之身、語、意日夜所造作一切心理、言語、行為，這些都會引發後續的現象，是可招感結果的。如：善業招感可愛樂之果，惡業則獲苦果。招感人天鬼畜六道中，稱為「引業」；眾生於各道中分別有美醜智愚等差別者，稱為「滿業」。在現在世得果報者，稱之「順現業」；在六生獲果報者，稱之為「順生業」；在來生以後感受果報者，稱為「順後業」，感得果報及其時間不定者，則是「順不定業」。以此等業之複雜關係、現象為緣，而生起此差別世界的一切現象，說明緣起整個始末及其循環無窮之狀態者，即為十二緣起說。

在緣起論中，雖然大小乘中無不談及業感是萬象之緣起，但緣起論系之宗派中也另有「賴耶緣起」，與「真如緣起」說。已是緣起之根本遠溯至阿賴耶識或真如。至於「業感緣起論」，是著重在業力為緣起之本源。

賢聖

◆朝向解脫及證悟解脫的修行者

賢聖是指修道者，其中尚未開悟解脫，以有漏智修善根的人，稱為「賢者」；而已經開悟解脫，生起無漏慧智證見正理者，稱之為「聖者」。也就是見道以上者是「聖」，見道以前為「賢」。「賢」是賢善調和義，修善根伏煩惱，心調和之意。「聖」是聖正義，意思是指先起解脫無漏的智慧，正證聖理的聖者。

關於賢聖的分類，大乘立三賢、十聖。稱十住、十行、十迴向等三十位為「地前三賢位」；稱初地入見道以後的十地菩薩為「十聖」。這些因位的賢聖再加上果位的佛果，合起來共為五位，可開為四十一位或五十二位。四十一位，是將五十二位中之十信攝於初住，等覺攝於第十地，如圖一所示。

在三乘共通的十地（乾慧地、性地、八人地、見地、薄地、離欲地、已辨地、支佛地、菩薩地、佛地）之中，前二地是「賢」，後八地為「聖」。

小乘立七賢、七聖，及二十七賢聖。所謂「七賢」，是指五停心、別相念住、總相念住、煖法、頂法、忍法、世第一法。前三者是三賢，屬順解脫分；後四是四善根，屬順決擇分。「七聖」，是隨信行、隨法行、信解、見至、身證、時解脫、不時解脫。若配於三道，前二是「見道」，次三是「修道」，後二是「無學道」；若配於四向四果，則初二有預流向，次三有三向三果，後二是阿羅漢果。其關係如圖二。

至於「二十七賢聖」，則與「七賢」與「七聖」之分別賢、聖者不同，而是將賢當作聖的形容詞用，也就是將二十七賢聖皆視為聖位，並可再區分為「十八有學」與「九無學」。對此，說一切有部與成實家所說稍有不同。依說一切有部所述，十八有學是：(1)預流向，(2)預流果，(3)一來向，(4)一來果，(5)不還向，(6)不還果，(7)羅漢向，(8)隨信行，(9)隨法行，(10)信解，(11)見至，(12)家家，(13)一間，(14)中般，(15)生般，(16)有行般，(17)無行般，(18)上流。九無學是：(1)退法，(2)思法，(3)護法，(4)安住法，(5)堪達法，(6)不動法，(7)不退法，(8)慧解脫，(9)俱解脫。

圖一　大乘的分類

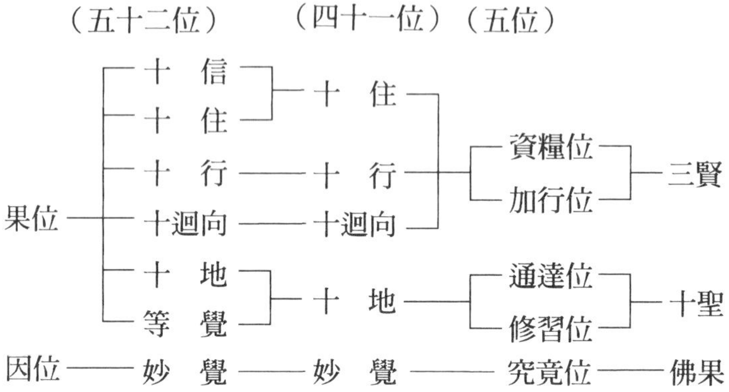

圖二　小乘的分類

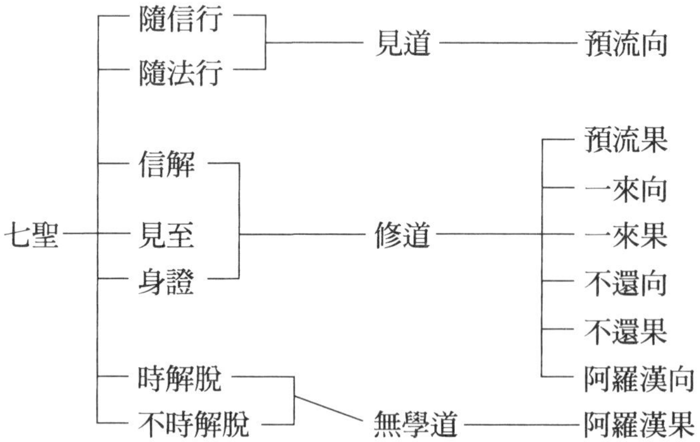

輪迴

◆流轉生死如車輪旋轉循環無止境

輪迴（梵 saṃsāra），輪迴是指眾生由於起惑造業的影響，而在生死流轉，就像車輪旋轉，循環不已，所以稱為「輪迴」。又稱為「流轉」、「生死」、「輪轉」、「生死輪迴」、「輪迴轉生」。

在《過去現在因果經》卷三中說：「貪欲、瞋恚及以愚癡，皆悉緣我根本而生。又此三毒，是諸苦因，猶如種子能生於芽，眾生以是輪迴三有。」《大乘本生心地觀經》卷一云：「眾生沒在生死海，輪迴五趣無出期。」

輪迴思想本來是印度各派宗教、哲學所共通的根本思想，而此思想則源自靈魂轉生、靈魂不滅之原理。

這種與業（karman）思想結合的輪迴思想，被佛教融攝之後，在思想上作進一步的昇華與發展。佛教認為，眾生由於無明與愛執而輪迴於生死，其輪迴的境界有三界（欲界、色界、無色界）與六道（地獄、餓鬼、畜生、阿修羅、人、天）。六道輪迴之說，就是指後者而言。六道為大乘佛教一般性的說法，說一切有部則除去阿修羅而說五道、五趣。在六道中之地獄、餓鬼、畜生稱為三惡道，或三惡趣；天、人、阿修羅則稱為三善道，或三善趣。

第四章 修行相關名詞

九次第定

◆次第無間斷的九種禪定境界

九次第定（梵 navānupū rva-samā pattayaḥ）是指次第無間斷所修學的九種禪定境界，又稱「無間禪」或「錬禪」，分別為色界的四禪定（初禪、二禪、三禪、四禪）、無色界的四處（空無邊處定、識無邊處定、無所有處定、非想非非想處定）以及滅受想處定。

依《釋禪波羅蜜次第法門》卷十所記載，遠離諸欲，離一切惡不善法，有覺有觀，離生喜樂入初禪，如是次第入二禪乃至滅受想定，即名九次第定。該書又記載：「能從一禪心起，次入一禪，心心無間，不令異念得入。如是從初禪乃至滅受想定，是名為「九次第定」，也稱為「鍊禪」，這是指佛弟子心樂於無漏禪定，利用九次第定的調鍊去除雜質，使其純淨，如同鍊金一般，所以又稱為「鍊穈」。

九次第定的內容如下：

(1)初禪次第定：離諸欲惡不善法，有覺有觀，離生喜樂，入初禪定時，是中初禪定觀均齊；自識其心，其以次第而入無有剎那雜念；間入初禪定，是為初禪次第定。

(2)二禪次第定：若從初禪，入二禪時，是中二禪定觀均齊；自識其心，其心次第而入，無有剎那雜念間入二禪定，是為二禪次第定。

(3)三禪次第定、(4)四禪次第定、(5)虛空處次第定、(6)識處次第定、(7)無所有處次第定、⑻非想非非想處次第定則都如同初禪、二禪中所敘述的狀態。

⑼滅受想次第定：如果從非想非非想，入滅受想定時，於是定前，自識其心，使心明利，心心次第而入，無有剎那雜念間入滅受想定；是為滅受想次第定。

出入這九種禪定境界的調鍊，可以使學人如同鍊金般，將禪定的境界調鍊得更加純熟，身心的障礙、雜染也能不斷去除清淨。

八正道

◆八種到達涅槃的方法和途徑

八正道（梵 āryāṣṭāṅgika-mārga）是指到達涅槃的八種方法和途徑，又稱為八支正道、八支聖道或八聖道，八正道可以說是生命的中道。從佛陀最初的教化開始，就是佛弟子所遵循的修行指導原則。

佛陀對整個宇宙的觀察，提出了三法印的觀點，為宇宙中的真理。而對個人生命的修道，他提出了苦、集、滅、道四諦的修行方式：苦是一切世間的現象；集是一切苦生起的原因；滅是達到消除一切苦的證道現象；道是達到證道的方法。而在道諦之下，佛陀則提出八正道，做為一個修行者的生活指導原則。

八正道是指正見、正思惟、正語、正業、正命、正精進、正念、正定。正見，是正確的見解、見地，也就是以三法印、四聖諦等見地為正見，了知一切無我，皆是由緣起條件和合生成。正思惟是正確的思惟，時時以正見來思惟、面對生活中的一切因緣。正語，是正確的語言，是依於正思惟之後所說出的言語。正業是依於正見、正思惟之後產生的正確行為。正命，是正確生存選擇，也就是正確的職業。正精進，是依正見、正思惟之後所發起的恰當的精進。正念，是時時生起正確的意念。正定，是正確的禪定。

在佛法當中，正見包括了三法印、四聖諦、八正道、五力、五根、七覺支等三十七道品，其根本就是了知一切無我，都是由緣起條件所生成。在掌握無我條件後，就能了知一切現象都是在不斷變化當中，所以不會執著有我，智慧不會受蒙蔽，不會因為我執，而對事情有錯誤的判斷，傷害自身與他人。而從無常當中，不斷精進努力，朝向更高的境界，而且能在各種情況當下，安穩自在，不會動搖，這就是正定。八正道可以說是我們平日生活修行，非常貼切實用的指導原則。

三十七道品

◆三十七種到達菩提、證悟解脫的方便

在原始佛教與部派佛教中，三十七道品是最具代表性，也是最重要的實踐法門，又稱為三十七菩提分法（saptatriṃśad bodhipākṣika dharmāḥ），舊譯為「三十七品經」，常見的四念處禪法就是這其中主要的一科。

所謂的「菩提分法」，意思就是有助於證悟菩提的修行法門，在這三十七菩提分法中，大致可分為以下七類：

*1.*四念處：四念處也稱為四念住，包含了⑴身念處，⑵受念處，⑶心念處，⑷法念處。這是與八正道中的正念相同，也就是常念不忘身、受、心、法四者是無常、苦、空、無我的實相。

2.四正勤：四正勤也稱為四正斷、四正勝、四意斷，與八正道中的正精進相同，是將我們的精進努力分為四個項目，包括：⑴努力斷除已生起的惡，即經中所言：「斷斷，已生惡令滅」。⑵努力使未生起的惡不生，即經中所言：「律儀斷，未生惡令不生」。⑶努力使尚未生起的善生起，即經中所言：「隨護斷，未生善令生」。⑷努力增長已起的善，也就是經中所言：「修斷，已生善令長」。

3. 四神足：又譯為四如意足。這是由四種法所引發，現起種種神通三摩地的境界。在方法上有四個面向，即：⑴欲神足，即欲得禪定。⑵精進神足，即精勤努力的證得禪定。⑶心神足，即守攝心念以得證禪定。⑷思惟神足，即以智慧思惟觀察而得證禪定。

4. 五根：五根是指信、勤（精進）、念、定、慧等五種修行項目及能力。其中「根」即指潛在的能力，這五根是能促使我們趣向理解的能力。藉由這五種能力，我們能夠由凡迷趣入於證悟的狀態。

⑴信根：相信正道及助道善法的能力。

⑵勤根：對於正道及各種助道善法，精進勤求不息。

⑶念根：能憶念正道及助道善法。

⑷定根：能夠攝心在正道及助道的善法中，相應而不散失。

⑸慧根：能夠實踐正道及助道善法，並產生善觀無常等佛法智慧的能力。

5.五力：前述的五根是指潛在的能力，而這種能力實踐上發揮出來就成為五種具體的力量了，所以稱為五力。這五力是指：⑴信力，⑵勤力，⑶念力，⑷定力，⑸慧力。這五力比五根在修行的境界上更進一步。

6.七覺支：又稱為七等覺支、七覺分、七菩提分，這是指：

⑴念覺支，指具有優異的智慧，能對於真理覺了不忘。

⑵擇法覺支，這是在智慧觀察諸法時，能夠善巧的抉擇真偽。

⑶精進覺支，這是依止智慧抉擇思惟，來修習各種道法，並能精進努力。

⑷喜覺支，是指由於精進努力而心得法喜。

⑸輕安覺支，由於產生法喜，因此身心也同樣達到輕安快樂。

⑹定覺支，由身心的輕安快樂，而使身心統一引生各種禪定境界。

⑺捨覺支，能夠善巧覺了，使定慧等持，平等的觀察統一的身心。

這裏的覺支或等覺支，是覺悟的一部分，指稱到達開悟前的修行項目。在三十七菩提分法的七種修道分類中，七覺支是最高層次的修行法門，這主要與禪定

三十七道品

- 四念處：觀察身心不淨，苦迫無常的四種正念。……觀身不淨……觀受是苦……觀心無常……觀法無我
- 四正勤：積極斷除惡法，增長善法的四種精勤努力。……已生惡令永斷……未生惡不生　已生善令增長……未生善令得生
- 四如意足：四種使修行能如意成就的力量。……欲……念……進……慧
- 五根：能生長一切善法的五種根源。……信……進……念……定……慧
- 五力：能破除一切惡法，增長福報的五種力用。……信……進……念……定……慧
- 七覺支：七種能趣入覺悟的心要。……擇法……精進……喜……除……捨……定……慧
- 八正道：能遠離輪迴，悟入聖道的八種正確之道。……正見……正思維……正語……正業……正命……正精進……正念……正定

相關。

7.八正道：這是指八支聖道，能帶引我們開悟解脫的八種方法。雖然是指證入開悟聖道的修行法，但也適用於一般社會的日常生活。

八聖道是指：

(1)正見，對宇宙人生正確的見解。主要是三法印，緣起觀及四聖諦的智慧。

(2)正思維，這是指我們在從事身體、語言等行為前，所生起的正確意志及決定。

(3)正語，由正確思惟後所產生的正確語言。

(4)正業，由思惟後所產生的正確行為。

(5)正命，正確的生活，也就是以正當的職業來生活。

(6)正精進，正確的精進努力以達證理想。

(7)正念，正確的意念，並隨時不忘生命的理想。

(8)正定，由身心的統一，而證得禪定境界。

三十七菩提分法，總分為以上七類的修道法門。而這七種修道法，也都可以成為各自獨立的修行系統，依止其中的任何一種修道法，皆能達到開悟的境界。

除此之外，佛教的修行法門，可歸納為戒、定、慧三學，因此三十七菩提分法，也可以總攝在這三學之中，構成完整的修道過程。

釋迦牟尼佛在鹿野苑初轉了苦、集、滅、道等四諦法門。其中的道諦，形成了八正道的修學次第。後來更增加了四念處、四正斷、四神足、五根、五力及七覺支等法門，而形成了三十七菩提分的完整修法。依此看來，三十七菩提分也是從八正道的法門開展出來，並統攝在戒、定、慧三學之中，成為原始佛教以來，最完整的修道實踐法門。

三明六通

◆三種智明，六種神通

「三明六通」是指三種智明、六種神通，是指證得俱解脫阿羅漢果位的境界。

「三明」（梵 tri-vidya），又稱為三達、三證法，達於無學位，除盡愚闇，而於三事通達無礙之智明。即：

1.宿命智證明，又作宿住隨念智作證明、宿住智證明、宿住智明、宿命智。是指明白了知自己及眾生一生乃至百千萬億眾生之相狀之智慧。

2.生死智證明，又稱為死生智證明、天眼明、天眼智。即了知眾生死時生時、善色惡色，或由邪法因緣成就惡行，命終生惡趣之中；或由正法因緣成就善行，命終生善趣中等等生死相狀之智慧。

3.漏盡智證明，又作漏盡智明、漏盡明、漏盡智。這是了知如實證得四諦之理，解脫漏心，滅除一切煩惱等之智慧。

這三明相當於六通中的宿命通、天眼通及漏盡通。但此三明為具足智慧之神通，所以比單純的六種神通境界更高明，所以稱為三明。在《俱舍論》卷二十七中將這三明，稱為「無學明」，即這三明是由無學的阿羅漢聖者所生起的境界。其中前二明有時也起於前三果的有學聖者而不限於四果阿羅漢，但是第三漏盡明則僅有阿羅漢能證得。

六通（sadabhijñāḥ）是指佛法中最常見的六種神通：天眼通、天耳通、他心通、宿命通、如意通（神足通）、漏盡通。

．天眼通

天眼通，是指眼根所開展出來具有的特殊視覺能力，全稱為「天眼智證通」，又稱為「天眼智通」或「天眼通證」。天眼通能見自身所處世間及較低階世間六道的一切現象，不管是遠近或是粗細，無一不能明照。

．天耳通

天耳通，是可以聽到十方世界的訊息的能力，是指耳根所具有的一種特殊聽覺能力。具稱「天耳智證通」，又稱「天耳智通」、「天耳通證」。

天耳可以聽聞種種人、非人的聲音，遠近等種種聲音。

在《大智度論》中說天耳通能聞一切聲音，無論是人間、地獄、畜生、餓鬼的聲音，皆能聽聞。

．他心通

他心通，是指能了知其他生命的心念的神通能力。又稱為「他心智證通」、「智心差別智作證通」。

在《大智度論》中說，他心通能了知他者心中有垢染、無垢染，自觀心念生起、安住、消滅，觀察他人喜悅、瞋怒、恐怖、畏懼等種種相貌，然後能知其心念，這是他心通的初入門階段。

此外，在《大智度論》中則記載，依所修證的境界不同，他心通也有境界上的差別，如凡夫、聲聞、辟支佛，及諸佛菩薩的他心通境界都各不相同。

．宿命通

宿命通，又稱宿住通，是指憶念宿住事的神通力，在《集異門足論》卷十五中說具天眼通者能憶念過去一生乃至無量劫之自身的名姓、壽命、苦樂及生死等事，稱之為宿住智證通。宿命通只能憶知曾經所發生之事，無法像天眼通，看到未來尚未發生之事。

・如意通

如意通又名神足通，是指隨意自在飛行，自在轉變境界，化現人等的神通力。

關於如意通的範圍，涵蓋很廣，甚至安住於智慧，對順、逆皆住於不動的捨心，能生起正念正知，如意自在，都是屬於如意通的範疇。

・漏盡通

漏盡通「漏」是指「煩惱」，是指使眾生流轉生死的雜染的心理成份。「漏盡」是指煩惱淨盡，內心的染污成分完全消除，這也就是佛法中的解脫境界。證得這種境界，則不再墮入生死輪迴，是屬於智慧的神通，也是佛法最重要的神通。三明六通是證得慧解脫、定解脫的阿羅漢聖者所具足的境界。

三昧

◆心定於一處而不散亂的狀態

三昧（梵 samādhi），指心定於一處而不散亂之狀態，又譯作三摩地、三摩提、三摩帝。意譯為定、等持、正受、調直定、正心行處、息慮凝心等。

三昧即心定於一處，故稱「定」；遠離惛沈、掉舉而保持平等的心，故稱「等持」；正受所觀之法，故稱正受；調整散亂的心使正直，故稱「調直定」；正心之行動，使合於法的依處，故稱「正心行處」；息止緣慮，凝結心念，故言「息慮凝心」。

在原始佛教中，如《阿含》等經典所說的三摩地大抵是四禪八定、空無相無願及有覺有觀等的三昧。大乘經典中則有無數種三昧，如《法華經》卷一有無量義處三昧，舊譯《華嚴經》卷六有華嚴三昧，《大方等大集經》卷十五有海印三昧等。

三三昧（三解脫門）

◆空、無相、無願三種三昧

三三昧（梵 trayaḥ samā dhayaḥ）又稱為三三摩地、三等持與三定，是佛教中極重要的禪觀。由於三三昧是證入涅槃解脫的門徑，因此對尚未解脫者而言，稱為「三三昧」，對解脫的聖者而言，則稱為「三解脫門」。

「三三昧」是指空、無相、無願三種三昧，是修證解脫涅槃的重要禪法，也是趣入大乘菩薩三昧的根本，可以說是所有佛弟子的必修科目。這三種禪觀，開啟了悟入解脫的大方便門。

1. 空三昧：這是觀察法界萬有，人、法皆空，無我亦無我所，一切諸法皆是不實、不常而恒空。

2. 無相三昧：因為觀空的緣故，所以不會執著於相，觀察一切平等無差別。

3. 無願三昧：又稱為無作、無欲或無起三昧。乃是觀察諸法無差別，現前無相，所以心中無所愛染，於未來生死相續無有願求的禪法。

此三昧於諸法無所願樂，所以無欲，亦無所造作，所以名為「無作」或「無起」三昧。

小乘佛法以三三昧而入解脫涅槃門，但是大乘佛法乃是以三三昧為基礎，不住涅槃，而以大悲菩提發心，出生如幻三昧，在十方三世中廣度無盡眾生；所以三三昧更是大乘禪法的重要基礎，是菩薩妙門的智慧根芽。

三學（戒、定、慧）

◆指戒、定、慧三學

三學（梵 tisraḥśikṣāḥ）是指佛弟子為了證得聖果所應修習的三種學，又稱「戒定慧三學」，或「三增上學」。三學可以說是統攝所有佛教修行內容的總綱，任何修行法門都可以歸屬於三學之下。三學的內容如下：

增上戒學：又稱為「增戒學」、「戒學」，指止息一切身、口、意的惡業，增長善業，淨化昇華自身。

增上心學：又「增上意學」、「增心學」、「增意學」、「定學」。指使心志不落於散亂與昏沈，而達到凝定與專一的境界。

增上慧學：又名「增慧學」、「慧學」，也就是了解諸法的實相。

戒定慧三學是相輔相成的，戒是定的資糧，定又是慧的資糧；由戒生定，由定發慧，由慧得解脫。

戒是生活的軌範，依之止惡行善，能使身心安定，不會增長煩惱，身心安定了，智慧就容易開啟。同樣的，智慧增長時，心自然不會妄動，戒、定也同時增長，三者相互影響，相輔相成。

五停心觀

◆五種停止心念妄想的禪觀

五停心觀是指能停止心之五種迷惑、障礙的禪觀，又稱作「五停心」、「五度觀門」、「五門禪」等。這五種禪觀分別為：不淨觀、慈悲觀、緣起觀、界分別觀、數息觀。也有以念佛觀取代界分別觀。

1.不淨觀：這是觀察自己和他人色身不淨，以止息貪欲，是貪欲重的人適合修學的禪觀。

2.慈悲觀：指對其他眾生作拔苦與樂想，以對治瞋恚的障礙，適合瞋心重的人修學。依《俱舍論》卷二十九中說，觀自身行慈悲有七個次第，意即觀想對最親愛的人（上親）、普通親的人（中親）、較疏遠的親友（下親），及一般人（中人），有點討厭的人（下怨），討厭的人（中怨），及很討厭或有深仇大恨的人（上怨），於禪觀中次第觀想這些人得到慈心的喜樂。

3.因緣觀：又作緣起觀，這是觀察十二緣起以對治愚癡的煩惱。

4.界分別觀：又稱界方便、析界觀、無我觀，是指觀十八界一切法不外是地、水、火、風、空、識等六大元素和合而成，以對治我執，特別適合我執身見重者修學之。

5.數息觀：作持息念、安那般那觀，安那是入息，阿波那是出息。數息是指數出息或入息，以對治散亂。散心多者修此法。《次第禪門》中說數息觀為三世諸佛入道的初門。由於此法極為簡單、方便，加上安全有效，非常適合現代人使用。

念佛觀是為對治多障眾生，以念佛治障的觀法。所對治的障礙主要為「三障」：⑴心昏沈無記的沈昏暗塞障，念應身三十二相好以治之；⑵欲作五逆、十惡等的惡念思惟障，念佛的報身力無畏以治之；⑶身痛、火焚、水溺等的境界逼迫障，念法身空寂無為以治之。這是大乘所說的念佛觀，小乘僅說念生身佛。

關於五停心的次第，有各種不同的說法，但大都以「不淨觀」或「數息觀」居首要。

六念（六隨念）

◆憶念佛、法、僧、戒、施、天功德的修行法門

六念（梵 ṣaḍ anusmṛtayaḥ）六念是指念佛、念法、念僧、念戒、念施、念天，又稱為「六隨念」或「六念處」，是原始佛教時代常用的修行法門。

念佛是指憶念佛陀具足十種名號的特德、智慧悲心，及如來身相光明巍巍，能拔除一切眾苦，我等以清淨質直之心念佛，能與佛相同。

念法：指憶念法乃如來十力、四無所畏等種種功德，我等能以清淨質直之說法，施與眾生。

念僧：指憶念如來的弟子，證得解脫無漏法，具足戒、定、慧，能為人間眾生作福田，我等能以清淨質直之心修習僧行。

念戒：指憶念諸戒能遮止各種惡業煩惱，我等能以清淨質直之心，精進護持。

念施：指憶念佈施具有大功德，能去除世間慳貪嫉妬之煩惱，行布施行，能使眾生入於佛道。

念天：指憶念因往昔之持戒、佈施等善根，而生欲界六天，乃至色界、無色界等諸天，享受快樂果報，我等今亦能以如是戒、施，而生於諸天。

《雜阿含經》卷三十三中說：「若比丘在於學地，求所未得（中略），當修六念，乃至進得涅槃。」《觀無量壽經》中也說：「修行六念，迴向發願，願生彼佛國。」

憶念此六者之功德，能使修行者心念安住於修道，不斷增長進步，乃至入於佛道。

止觀

◆一切心想止息，寂靜常照

止觀為「止」與「觀」的併稱。止，梵語奢摩他（śamatha）是指諸想止息，其心寂靜；觀，梵語毘婆舍那（vipaśyanā）以寂而常照是名觀。諸想止息名「止」，觀照對象名「觀」；也就是指定、慧二法，「戒、定、慧」三者同稱「三無漏學」。

佛陀常教導佛弟子在寂靜的阿蘭若等處，應憶念二法，也就是指止、觀二法。為什麼佛陀特別強調此二法呢？

《成實論》中說，這是由於一切修行所生的善法，都含攝在止、觀二法中，此二者能成辦道法。因為止能遮除障礙，觀則能徹底斷滅煩惱。如果說止如同捉草，那麼觀就如同鐮刀將草割除。止就像以布擦掉污垢，觀就像用水洗過一樣……如同經中所說，修止能斷貪受，修慧能斷除無明，離貪能使心得解脫，離無明能使慧得解脫，因此特別強調止觀的重要，並以止觀作為修行總法要。

天台宗智者大師最重視止觀法門，所以將修持法門總括為漸次止觀（釋禪波羅蜜）、不定止觀（六妙門）及圓頓止觀（摩訶止觀）三種止觀。

四念處

◆觀照自己隨、受、心、法之實相

四念處（梵 catvāri smṛty-upasthānāni）又稱為四念止、四意止、四止念。是指將我們的心念安住於正見，以觀照我們自己的身（身體）、受（感覺）、心（心念）與法（眾法）的實相，並祛除妄想雜念，而得證涅槃的禪法。

身念處是以正見禪觀，來觀察自己身體的實相，並以此來破除我們對自己身相的貪著，及其所產生的執著與痛苦。身念處的觀照自身，並不只是一種思想、觀念或理解而已，而是要投入生命，改變自身存有執著的禪觀修證。

在《中阿含》的〈念處經〉中說：舉凡行、住、坐、臥、睡眠、晨寤醒覺時，我們立念在自己的身上，能夠如實的現觀自身，並如實的產生了知、見、明、達的境界，而解脫開悟，這是觀身如身的身念處境界。

受念處，受念處觀是觀察我們一切感覺的真實原貌所修習的禪法。一般人總是以執有為樂，所以當我們擁有財富、快樂、兒女等時，總是認為這是很快樂的覺受。當仔細諦觀這些執著的感受時，卻發現這些執有的快樂，卻為我們的生命帶來負擔與痛苦。

但是一般人的心中，總是不肯清楚的認知實相，而以主觀的執著心念，來造成求樂反苦的事實。因此，觀受是苦，就是用來對治我們生命中錯誤顛倒的感受，也是讓我們感受的原貌，真實現起的方法。

心念處，心念處的觀法是由觀察我們的心念的實相而來。我們的心念是變動不拘、遷滅無常的，但我們卻不明瞭。我們的心念念的生滅不停，在剎那、剎那中不斷的轉變。因此，我們的心意事實上是不斷的在改變著，卻由於不覺而執著。觀心無常，能使我們心如明鏡一般，體悟自心生滅的真相，以對治我們認為自心為常住不滅的顛倒假相，讓我們掌握自心。

法念處，是觀察一切萬法的實相的禪觀。一切諸法，事實上都是由因緣和合所生起，無我也無有我所，並沒有任何不變的自性。所以，當我們誤認在緣起的現象中，由因緣和合而現起存在的我，是一個永恆不變、自在常存的存有者，這絕對是錯誤的認知。

在佛典《雜阿含經》中，佛陀告訴弟子們說：「有一乘道，淨諸眾生，令越憂悲，滅苦惱，得如實法，所謂四念處。何等為四？身身觀念處，受、心、法法觀念處。」由此可知四念處，是一乘道，意即「到達目的的惟一之道」。這也代表著我們由開始修行，以至於得到如實法，證得最高的悟境，只要依止四念處來修行即可圓滿成就。

四念處法門在原始佛教中，佔有極重要的位置，也是每一位修行人，應當修習的禪法。

四果（須陀洹、斯陀含、阿那含、阿羅漢）

◆聲聞行者的四種階位

四果（梵 atvāriśramaṇa-phalāni）是指聲聞行者的四種修行果位階次，又稱「四沙門果」。

聲聞，是指聽聞佛陀聲教而證悟的出家弟子，所以稱為聲聞。他們是觀察苦、集、滅、道四諦的法理，修習三十七道品，斷除見、修二種迷惑，次第證得四種沙門的果位而證入無餘涅槃的人。

聲聞乘修道的果位分別為：

一、須陀洹果，意譯為預流果，即初果，指斷盡欲界、色界、無色界等三界的見惑，預入聖道之法流，證入無漏聖道的階位之聖者。預流果聖者之輪迴生死，最長僅於人界與天界中各往返七次，後必證得阿羅漢果。

二、斯陀含果，意譯為一來果，即第二果，指已斷除欲界九品修惑中之前六品，並證入果位者，需一度生於天界再來人間入於涅槃，故稱為一來。

三、阿那含果，意譯為不還果，即第三果，指已斷盡欲界九品修惑中之後三品，而不再返至欲界受生，故稱為不還。

四、阿羅漢果，意譯作應供、無學，阿羅漢果，即第四果，又作極果、無學果。指已斷盡色界、無色界之一切見惑、修惑，而永入涅槃，不再有生死流轉。證入阿羅漢果之聖者，超出三界，四智已經圓融無礙，已無法可學，所以又稱為「無學」。

初果	須陀洹	預流果	入於聖者之流，最多於人界與天界各返七次必證阿羅漢果。
二果	斯陀含	一來果	最多一度生於天界再來人間入滅。
三果	阿那含	不還果	入滅後不再回欲界人間多生。
四果	阿羅漢	無學	斷盡三界一切迷惑，永久涅槃。

四向四果

◆聲聞行者修道的階位

四向四果（梵 aṭṭha puggiā dakkhiṇeyya）是小乘佛教聲聞修道的階位，又稱四向四得、四雙八輩。也就是：須陀洹向（預流向）、須陀洹果（預流果）、斯陀含向（一來向）、斯陀含果（一來果）、阿那含向（一還果）、阿那含果（不還果）、阿羅漢向、阿羅漢果。第一項須陀洹向是最低位，阿羅漢果則是最高的悟境，證得阿羅漢果的人稱為「無學」。其他七位是有學。

有學之中最初的須陀洹向稱為「見道位」，其他六者是「修道位」，「見道」是指已經斷除見惑的階位，「修道」就是斷除思惑或修惑的階位，斷除這兩者的一切迷惑煩惱之後，就是阿羅漢果的階位，這也是聲聞的最高悟境。

四善根位（煖、頂、忍、世第一法）

◆觀四諦十六行相時的四種修行階位

四善根位乃修行階位之稱，又稱四善根、四加行位。即煖法、頂法、忍法、世第一法四者。「善」指見道之無漏智，此四者乃發無漏智之根本，故稱「善根」。此四善根係順趣於見道之無漏決擇智者，因此又稱順決擇分。又與小乘之五停心、別相念住、總相念住、總相念住等三賢位合稱七加行，或稱七方便。

小乘認為，於見道以前，觀四諦及修十六行相時，有此四種善根位。

⑴煖法：又稱煖位，指能具觀察四聖諦之境，及能具修十六行相之位。即觀苦諦而修非常、苦、空、無我四行相，觀集諦而修因、集、生、緣四行相，觀滅諦而修滅、淨、妙、離四行相，觀道諦而修道、如、行、出四行相。由於煖係如火之前相，而此位之善根如火能燒煩惱薪，可比擬為無漏聖道火之前相，故稱煖法。

⑵頂法：又稱頂位，指前者煖八善根漸次增長，至成滿時所生的善根。此善根乃動搖不安定之善根（即動善根）中最為殊勝者。恰如人之頂，故稱頂法。此位亦具觀四諦及能具修十六行相。

以上煖、頂二法，其善根可動，進滿則起入忍法、世第一法（此二法其善根不動，無退墮），退則雖造惡業煩惱，墮惡趣，然終必能得聖道而入涅槃。

⑶忍法：又稱忍位，即頂善根至成滿時所生的善根。此善根於忍可四諦理中最勝，又於此位能忍而不退墮惡趣，故稱忍法。

⑷世第一法：又稱世第一位，指生於忍之無間的善根，如忍法之上法，緣欲界苦諦而修一行相，唯一剎那。此善根於有漏世間係最勝，故稱世第一法。從此位無間入見道，生無漏聖道。

四禪八定

◆修行禪定的八個階段

四禪八定是依禪定的內容及其修行之階段可將定分為八個階段，基本世間禪定包括四禪與四空定，合稱為四禪八定。

1.初禪：遠離各種欲望，遠離各種不善法；有覺（粗糙的身體支分觸覺）有觀（細緻的中樞神經感受），離生喜樂，具足初禪。

2.二禪：覺觀都止息了，內心清淨，心念統一，無覺無觀，定生喜樂，具足二禪。

3.三禪：捨離喜心，依捨喜心而住，有念有正知，受身之樂，有捨有念而樂住，具足三禪。

4.四禪：斷盡苦樂，已滅喜憂，故不苦不樂，依捨而念乃清淨，具足四禪。

以上四者稱為「四禪」。

行。

「四空定」是指：

5.空無邊處定：得滅除一切物質現象的色境心想，而證入無邊的虛空定境。

6.識無邊處定：捨棄外在所緣的空境，唯有緣於內心意識，入於無邊的心識行。

7.無所有處定：厭離意識廣緣的苦境，滅除意識想，證入無所有的定境。

8.非想非非想處定：捨離無所有的感受，達於非想（無粗想）非非想（有微細想）的境界。

以上四禪八定之中，只有前七個定境能引生智慧，達到解脫，所以稱為七依處，非想非非想處定，由於定心太細，所以無法產生智慧而達於解脫。

四禪八定之上為滅盡定。滅盡定是滅除心、心所的定境；為聖者修習無餘涅槃界的定境。

四禪八定

非想非非想處定：捨離無所有的感受，達於非想（粗想）非非想（有微細想）的境界。

↑

無所有處定：厭離意識廣為攀緣的苦境，滅除意識想，入於無所有的定境。

↑

識無邊處定：捨離外在所緣空境，緣於內心意識，入於無邊心識的定境。

↑

空無邊處定：滅除一切物質現象，證入虛空無邊定境。

↑

四　禪：斷盡苦樂，捨念清淨之禪

↑

三　禪：捨離二禪喜心，依捨喜心受大樂

↑

二　禪：一切覺觀止息，由禪定產生喜樂

↑

初　禪：遠離各種欲望、不善法而出生喜樂

供養

◆以物品、法要供給三寶、眾生等

供養（梵 pūjanā），又稱供施、供給，或略稱「供」，是供給資養的意思，一般是指以飲食、衣服等供給佛法僧三寶以及父母、師長、亡者。由於供養物的種類及供養的方法、對象有別，所以經論中所說的供養也有種種不同：

一、二種供養：指財供養和法供養。財供養是以各種衣服、飲食醫藥等生活資具來供養；法供養則是以經書或是經中所說之法供養予人。在《大日經供養次第法疏》中也有所謂的「理、事」二種供養：

「供養者，理事供養。理者，會理入，是云理供養也。事者，盡心竭力營辦香花供養佛海，是言事供養也。」此指理供養與事供養。

二、三種供養：在《普賢行願品疏》中說，有財供養、法供養、觀行供養等三種。財供養，指以世間的財寶、香華等行供養。法供養，指依佛所說的教法，如實奉行，起菩提心，行二利行。觀行供養，指實踐周遍含容，一即一切、一切即一、事事無礙的深觀。財供養若能與法契合，則也可稱為法供養，若能住於深觀，亦可稱為觀行供養，而觀行供養又屬大法供養，以畢竟財、法二供養。

在《十地經論》卷三中也有：「一切供養者有三種供養：一者利養供養，謂衣服臥具等。二者恭敬供養，謂香花幡蓋等。三者行供養，謂修行信、戒、行等。」

在《法華文句》中所說，供養有身業供養、口業供養、意業供養三種，稱三業供養。身業供養指禮拜，口業供養指讚歎，意業供養指憶念相好莊嚴。

三、四種供養依《大日經義釋》卷十一所說，列舉供養香華、合掌禮敬、慈悲、運心等四種。而在《增一阿含經》卷十三中則說：「國土人民四事供養，衣被、飲食、床臥具、病瘦醫藥。」此稱四事供養。

四、五種供養：《蘇悉地羯羅經》卷中〈供養品〉說五種供養為塗香、花、燒香、飲食、燃燈，此等物清淨，善悅人心。」

《大日經疏》卷八更進一步說明此五種供養的意義：塗香是清淨義，如世間塗香，能淨垢穢息除熱惱，供養塗香象徵清淨戒香，除滅得清涼性。供花是從慈悲出生之義，以淨心種子種於大悲胎藏中，萬行開敷莊嚴佛菩提樹。燒香是遍至法界義，象徵菩提香隨一一功德，為智慧火所焚，解脫風所吹，隨悲願力，自在而轉，普熏一切。飲食是無上甘露、不生不死之味，若服此果德成熟更無過上味時，即名入證，故說為食。供燈，是如來光明破除黑暗之義。

此外密教也有所謂的「八供」，由佛像之右至左分表水（盥洗用）、水（飲用）、花、香（燃香）、燈、塗（塗香）、食（食品）、樂（音樂）。

二種供養	•財供養、法供養 •理供養、事供養——《大日經次第供養法疏》
三種供養	•財供養、法供養、觀行供養——《普賢行願品疏》 •利養供養、恭敬供養、行供養——《十地經論》 •供養香華、合掌禮敬、慈悲、運心——《大日經義疏》
四種供養	•衣被、飲食、臥具、醫藥——《增一阿含經》
五種供養	•塗香、花、燒香、燃燈——《蘇悉地羯羅經》
密教八供	•水、水、花、香、燈、塗（塗香）、食、樂

念佛

◆如實憶念佛陀

念佛（梵 buddhânusmṛti）是指如實憶念佛陀之意。

念佛思想起源於原始佛教中的六念法等其中的念佛法門。古代的修行者於曠野之中，心中恐懼，以憶念佛陀的功德，心中得以平安。

在原始佛教中，佛弟子臨命終時，一心念佛，生於天上，或臨終時，一心念佛，不墮三惡道，生在天上並七返生死而得涅槃；都是從原始佛教而來的固有信仰。

到了大乘佛教興起之後，憶佛、念佛的法門特別的發展，在內容上也從憶念生身佛發展到十方三世一切諸佛。

念佛就內容上來分，又可分為念應身佛、念報身佛、念法身佛三種觀法。

㈠念應身佛：這是憶念菩提樹下釋迦牟尼佛之無邊功德，即憶念如來往昔無量阿僧祇劫中，為一切眾生，修六波羅蜜，具足一切功德智慧，身具三十二相、八十種好，能降伏魔怨而無師自悟，自覺覺他轉正法輪，普度一切。入涅槃後，又以法身舍利三藏經教，廣益眾生，如此功德無量無邊。

(二)念報身佛：憶念十方諸佛，真實圓滿果報之身，真實果報之身湛然常住，妙色莊嚴，心念清淨、微妙寂滅，功德智慧充滿法界；宛如千江有水千江月映一般，隨緣顯現，如此救度眾生之功德無量無邊，不可思議。

(三)念法身佛：憶念十方諸佛身實相猶如虛空，即使覺悟，一切諸法亦本來不生不滅，有佛無佛，法性常然，即《法華經》所說：「是法住法位，世間相常住。」眾生諸佛，同一實相，即是觀諸佛法身實相。如此便更能清楚了知諸法實相，諸法如實相即是佛，離此之外，更無別佛的如實相了。

如果從念佛的方法而言，念佛又可分為：

(一)實相念佛：觀諸法實相即實相念佛，亦即念法身佛。

(二)觀想念佛：觀想佛之清淨妙色身等，念報身佛即屬此類。

(三)觀像念佛：前置一佛像，觀之而憶念佛，可作為觀想念佛的前行。

㈣持名念佛：即持一佛名號，一心專念。

早期的念佛並沒有特定指那一位佛陀，後來由於阿彌陀佛淨土法門的盛行，使得「念佛」常被用來單指淨土宗的念佛，也就是念阿彌陀佛。

其實，無論是憶念那一位佛陀，念佛法門可以說是一切學佛者都必須修學的。尤其是對「上求佛道、下化眾生」的菩薩行者而言，念佛三昧更是一切菩薩所必須成就的法行。

金剛三昧

◆如金剛能破除一切煩惱的三昧

金剛三昧（梵 vajropamā）又稱為金剛喻定，是比喻此定能破除一切煩惱，斷盡無餘，正如同金剛一般能摧破一切眾物，所以稱為「金剛喻定」。而且，此定能發起無上智慧，斷除煩惱，所以也稱為金剛無間道，金剛三昧或金剛心。

金剛喻定在一般說法中，可以是三乘共通的，例如，在證得阿羅漢的一念心，起金剛喻定，智斷煩惱，證得無學阿羅漢果。所以，金剛喻定的體性是智慧，在聲聞是四諦的智慧，在緣覺是十二因緣的智慧，而在大乘則是了達法界實相的智慧。聲聞、緣覺、菩薩在修行究竟滅除最後的煩惱時，生起此定，而在「定起惑了」時，聲聞得阿羅漢果，緣覺得辟支佛果，而菩薩得證佛果。

但是，如果以斷盡一切煩惱，喻如金剛的智慧而言，聲聞、緣覺所證的智慧，就不足以稱為金剛喻定智。所以，金剛喻定就必須是在等覺菩薩最後一心，這時最後窮終一念，頓斷一切煩惱，然後生起佛智，現證無上正覺的佛果，方名為金剛喻定或金剛喻智。

因此，金剛喻定是菩薩在即將成佛之前，金剛喻定現前時，最微細煩惱全部頓斷，而入於如來地。

圓滿的金剛喻定，只有在等覺菩薩最後一念現前，使最後心菩薩頓證佛果，才是真正的金剛喻定。所以，釋迦菩薩在菩提樹下圓證佛果，那一刹那所證得的境界，即是金剛喻定。金剛三昧可說是佛法中最珍貴的無上寶珠，是成證圓滿佛果的究竟三昧。

法門

◆指佛陀所宣說的教法

法門（梵 dharma-paryāya），法門是指佛陀的教法，以佛之教法為通達聖智、通入信心之門，也是解脫生死的涅槃之門，因此稱為「法門」。

在《增一阿含經》卷十中說：「如來開法門，聞者得篤信。」也有說是因佛所說，而為世之準則者，稱為「法」。此法為眾聖入道的通處，又是如來聖智遊履之處，故稱為「門」。

所謂法門，又有差別分類的意義，也就是因應所說對象、時機不同，而有不同法門。如《心地觀經》卷七、《勝鬘經》等所說的「八萬四千法門」，就是因應眾生有八萬四千煩惱，所以佛為說八萬四千法門。由此可知，佛陀的教法無限，如大海般深廣浩瀚，不可測量。「法門無量誓願學」正是菩薩所共同的四弘誓願之一。

阿羅漢

◆聲聞行者最高的修行果位

阿羅漢（梵 arhat），聲聞四果之一，也是如來十號之一，指斷盡一切煩惱，值得受世人供養的聖者，後世多用來指稱聲聞弟子之證得第四果位者而言。「阿羅漢」意譯作應、應供、應真等。

在《大智度論》卷二中說，阿羅漢有「殺賊」、「不生」、「應受供養」三種意義。即殺煩惱賊，不於煩惱輪迴中出生，為人天福田，應受供養之意。

阿羅漢如果依解脫的境界來分，可分為「慧解脫阿羅漢」及「俱解脫阿羅漢」。「慧解脫」是阿羅漢必定具足的，「俱解脫」，則是定與慧都得到解脫。一般人的定與慧，都是被煩惱障蔽的，所以不能現起；如果能現起，就從這些障礙中得到解脫。

證得阿羅漢的聖者，以慧力斷盡無明我見為根本的一切煩惱，這是共通的，但是如果就定力的修得自在來說，同樣是阿羅漢就有差別。如果是在未到地定或初禪而證得阿羅漢的，則就於初禪或二禪以上的定力無法自在，如果是在滅盡定之前證得四果的聖者，由於其在更高的禪定境界上還未自在，因此稱為「慧解脫阿羅漢」，如果是在滅盡定中，也就是最高的禪定境界中得證四果的聖者，則於定慧都得到完全的自在解脫，則稱為「俱解脫阿羅漢」。

俱解脫阿羅漢，必定具有三明六通，而慧解脫的羅漢，只有證得四禪以上者，才能發起三明、六通。阿羅漢有這樣的殊勝功德，所以是世間的福田，應受人天的恭敬供養。

證得阿羅漢的聖者，在沒有捨報以前，還是生活在世間。一樣的吃飯、穿衣、來去；一樣的遊化人間，在形式上和一般人的生活都一樣，然而，在心靈上，他了悟了宇宙的實相，對世間的一切現象不會生起顛倒執著之想，一切煩惱的根源已經永遠斷除，不會再生起煩惱，不會再繼續輪迴。

海印三昧

◆華嚴經所依止的根本三昧

海印三昧（梵 sāgaromudrā-samādhi）是《華嚴經》所依止的根本三昧，是《華嚴經》〈賢首品〉所說的十種三昧之第一種，也是其他九種三昧的根本，象徵著《華嚴經》的根本理趣。

法藏大師在《妄想還源觀》中說：「海印者，真如本覺也，妄盡心澄，萬象齊現，猶如大海因風起浪，若風止息，海水澄清無象不現，（中略）所以名為海印三昧也。」

這是說海印是比喻眾生本具的真如覺性，當應妄想淨盡，心體證明，就如同大海因風而起浪，如果風止息之後，海水澄清，如鏡無波，萬物於中映現，法界眾相於中同時炳現。

華嚴法界展現了宇宙的實相，在無盡時空中沒有軸心、沒有轉動方向，而轉動速度也是無量、無限，所以動、沒動都一樣。雖然沒有軸心、沒有轉動的範疇、沒有轉動量，但卻是無盡轉動，這時任何的時空轉動都與其相反。而在任何動都與其相反時，才顯現出一切的世間，而這一切的世間即是所謂的「緣起世間」。

由無時無空轉變成為無盡的時空——「十方廣大無邊、三世流通不盡」。而無盡時空其特性是：沒有軸心、沒有中心。

海印三昧的核心，就是每一個生命都是佛、都是主伴圓融、星月俱足的全體生命。何者為星？何者為月？跟我近的即月、離我遠的即星，星月依緣而顯，一切如實平等。這就是星月俱足、主伴圓融、互為主體、事事無礙、理事無礙、到達理理無礙的一個平衡、平等自在的法界，在其中每一個眾生都是佛——群龍無首，這是海印三昧的根本見地。

如何趣入海印三昧？最重要的是要了知一切眾生現前是佛，在法界中無差別相，但在緣起上則要步步圓滿；在心之見地上要絕對圓滿，但在次第現象上則因果宛然，如此才能成就圓滿的海印三昧。

涅槃

◆一切煩惱苦痛永遠止息的境界

涅槃（梵 nirvāṇa），是指一切煩惱災患永盡的境界。又譯泥洹、涅槃那，意譯為滅、寂滅、滅度。

《雜阿含經》中說：「涅槃者，貪欲永盡，瞋恚永盡，愚癡永盡，一切諸煩惱永盡，是名涅槃。」《入阿毗達磨論》中說：「一切災患煩惱火滅，故名涅槃。」即將貪瞋癡三火滅卻，眾苦永盡，名為涅槃。

在印度的原語應用上，涅槃原來是指火的熄滅或風的吹散，如燈火熄滅了，稱為「燈燄涅槃」。但印度其他宗教很早就採用「涅槃」做為最高的理想境界。

涅槃具有「滅」義，指的是消滅煩惱災患，《雜阿含經》卷十八說：「貪欲永盡，瞋恚永盡，愚癡永盡，一切諸煩惱永盡，是名涅槃。」《大般涅槃經》卷二十五以「無苦義」名涅槃。這說明滅是以消滅煩惱與苦為義；煩惱與苦消滅，

入於涅槃的佛陀

就會出現寂靜、安穩、快樂的境界，因此小乘的、大乘的兩種涅槃經，都非常重視「諸行無常，是生滅法，生滅滅已，寂滅為樂」這一首偈。

《勝鬘經》說「得阿耨多羅三藐三菩提者，即是涅槃」；釋迦牟尼在菩提樹下成道、證涅槃，菩提之與涅槃，原如光之照物，是同時而沒有先後。

有人以為涅槃是死亡，不是的。較為嚴格的譯師稱聖者之死是譯做「般涅槃」，「般」是「全無殘餘」的意思，所以「般涅槃」意義是近於阿羅漢最後身心俱滅的「無餘涅槃」，顯然是和佛陀在菩提樹下或聲聞人現生所證得的

「現法涅槃」有所區別。

　　而小乘聲聞行者以滅盡生死為涅槃，在解脫輪迴生死到生死滅盡的涅槃過程中，將涅槃分為兩個階段：一是「有餘涅槃」，二是「無餘涅槃」。前者是以我空智斬斷生死輪迴的牽引鍊索——煩惱與業，心得寂滅稱為涅槃，但這個由過去有漏業力所牽引的肉體尚未消滅，殘餘之身依仍在，稱為「有餘涅槃」；到了這個殘餘的軀體也死亡，身心俱歸寂滅，未來的生死永滅，稱為「無餘涅槃」。

迴向

◆迴轉所作功德趣向菩提

迴向（梵 pariṇāma），迴向有「迴轉趣向」的意義，是指迴轉自己所作的功德善根以趣向菩提，或往生淨土，或施與眾生等。

在《大乘義章》裏，有三種迴向：1.菩提迴向：指迴自己所修一切善法，以趣求菩提的一切功德。2.眾生迴向：指深念眾生，願迴自己所修一切善法給與眾生。3.實際迴向：為了滅止有為法，趣求實際，以功德迴向趣求平等如實法性。

迴向是將自己的修行功德善根迴轉向於自己所願的人、事、修行等，使之速得成就。很多人不敢迴向，以為自己所做的功德善根送給別人，自己就沒有了。事實上不然，因為，施者、受施者及所施的功德三輪體空，如果落於有無就不是真實的功德了。功德迴向是廣積善因、善緣，愈迴向功德愈大，迴向本身就是大善根、大功德。不管世間或出世間乃至廣大的菩薩行，都是以迴向為最迅速成就的法門。

迴向的原則是，事情要由大而小，境界由高而底，人則由多而少。比如先從迴向法界（事大）的一切眾生（人多）都圓滿成佛（境高）迴向起，然後再迴向個人的修持乃至家人的事務；也可由迴向最偉大的佛陀、淨土而逐漸到自身。

無漏

◆遠離煩惱垢染之清淨法

無漏（梵 anāsravaḥ），為別「有漏」之稱。漏，是漏泄之意，指煩惱。由於貪、瞋、痴等煩惱，日夜由眼、耳、鼻、舌、身、意等六根門漏泄不止，所以稱為「漏」。此外，「漏」有漏落之意，煩惱能令人落入於三惡道，故稱「漏」。因此稱有煩惱之法為「有漏」；稱離煩惱垢染之清淨法為「無漏」，如涅槃、菩提，與一切能斷除三界煩惱之法，均屬「無漏」。

無漏法

◆不會增長煩惱，能使人入於無漏解脫之法

無漏法（梵anāsrava-dharma），「無漏」指無煩惱、無污染的境界。在阿毗達磨佛教體系中，「無漏法」指無為及道諦所攝等無漏不隨增之法。謂「虛空」、「擇滅」、「非擇滅」等三種無為，及「七覺支」、「八正道支」等道聖諦之法都不會隨增煩惱，反而能損減有、破壞有，因此名為無漏法。

「擇滅」是滅諦涅槃的道果，以離繫為性；「非擇滅」由於緣闕，永礙未來法之生起；「虛空」唯以無礙為性；此三種無為都無作用，不會成為煩惱諸漏隨增之依處，所以總稱為無漏法。此即無為之無漏法。又，道諦三十七品屬有為法。其中，七覺支、八正道支只通無漏，其餘四念住等通於有漏、無漏。即將學、無學法總稱為道聖諦，此即有為之無漏法。

說一切有部認為十八界中，意、法、意識等後三界通有漏、無漏，但五根五境五識等前十五界只限於有漏，如佛生身也是他所緣，隨增其煩惱，故屬有漏而非無漏。然而大眾部等認為，在佛身中的十八界都屬無漏。又，譬喻者等認為，如非有情數之五境也非漏之所依，所以也都名為無漏。

無漏智

◆證見真理，離一切煩惱過患的智慧

無漏智（梵 anāsrava-jñāna），為「有漏智」之對稱。指證見真理，離一切煩惱過非之智慧。

小乘稱無漏智乃是證見四諦之智，有法智、類智之別。「法智」證欲界四諦之法理；「類智」證色界、無色界之四諦法，由於與法智之境智相似，所以稱為「類智」。

如果由境分別，無漏智則有苦、集、滅、道四智；於無學位則分盡智、無生智，二智悉證見四諦法理。小乘認為無漏智於見道始生起，其後再漸次修習。

滅盡定

◆滅盡一切心與心所的禪定境界

滅盡定（梵 nirodha-samāpatti），又作「滅受想定」、「滅盡三昧」，就是滅盡一切的心與心所（心的作用）而安住於無為聖境的無心位的定境。

「滅盡定」與「無想定」，二者並稱為「二無心定」。但是無想定是世間凡夫所證的定境，不能以智慧觀破煩惱而滅心識，而是以石壓草，使心念毫無憶想，不能解脫。而滅盡定是佛陀及俱解脫的阿羅漢以智慧破除定障所證得，即是用現法涅槃的智慧勝解之力而修入的。

當修行者修得非想非非想處定之後，世間凡夫以為就是涅槃；而佛弟子了知這個定境尚有三界中最微細的心念，必須觀破，否則不能圓滿解脫，並得除遣一切定力的障礙。因此以佛法的殊勝智慧觀照一切現苦、空、無常、無我，破滅這三界最微細的心念，而證入受想皆滅，一切障礙皆得解脫的滅盡定中，此時方名為真實無心寂靜之處，亦為永住安樂之處，圓證此定的阿羅漢，亦名為俱（定慧）解脫的阿羅漢，成為具足一切自在智慧神通的大阿羅漢。

解脫

◆脫離輪迴、遠離煩惱的境界

解脫（梵 vimukta），原來的意義是指脫離束縛而得自在，後來隨著輪迴思想的發展，遂指脫離輪迴、遠離煩惱、定障等之繫縛，解脫的境地即為涅槃。

在《成唯識論述記》卷一中說：「解」是離縛之意，「脫」是自在之意，解脫之體就是圓寂。

解脫有有為、無為二種，如《大毗婆沙論》卷二十八認為一切法中有二解脫，一是無為，即指擇滅；二是有為，乃指勝解。

解脫本是一種一味，如來之解脫和阿羅漢之解脫原來並無不同，但後世則說三乘之解脫有等級之差。如《大智度論》卷一百所載，此解脫味有二種，一種是只為自身，二種是兼為一切眾生。雖然二者俱求一解脫門，卻有自利、利人之差別，因此乃有大小乘之不同。

在《十住毗婆沙論》卷十一中說：

「解脫有三種：一者於煩惱障礙解脫，二者於定障礙解脫，三者於一切法障礙解脫。是中，得慧解脫阿羅漢得離煩惱障礙解脫，共解脫阿羅漢及辟支佛得離煩惱障礙解脫，得離諸禪定障礙解脫。唯有諸佛具三解脫，所謂煩惱障礙解脫、諸禪定障礙解脫、一切法障礙解脫，總是三種解脫，故佛名無礙解脫。」這是將解脫的境界分為三種，其中唯有佛能圓滿具足這三種解脫的境界，所以佛的解脫境界稱為「無礙解脫」。

聞思修（三慧）

◆聽聞教法、思維義理、依法修行

聞思修合稱為三慧（梵 tisrahprajòñah），即聽聞教法、思惟義理、依法修行。聞慧、思慧、修慧三慧即依此聞、思、修而來。《大毗婆沙論》卷九十五中說，聞所成慧者，就是指於文義如理抉擇；思所成慧者，是指不淨觀、持息念及念住等；修所成慧者，是指煖、頂、忍、世第一法、現觀邊世俗智、無量、解脫、勝處、遍處。

禪定

◆指令心專注達於不散亂的境界

禪定（梵 samādhi）是指令心專注而達於不散亂的精神作用，或是指在凝然寂靜的境界。即三摩地、三昧之意譯。我們經由戒來防止身心的散亂，再透過調身、調息、調心的修持，產生統一身心的定境。

一切令心不散亂的修行，以及由此而有的特殊精神境界，都通稱為定，而其境界有許多層次的等差。定與戒、慧同為三學之一，乃佛教實踐方法的大綱，即八正道中的正定，為五根、五力之一，所以亦稱定根、定力；同時，也是菩薩六波羅蜜（六度）之一，即禪波羅蜜。

佛教重視修學禪定，因為禪定為開啟智慧的基礎，並非要修行人沉溺於定境的喜悅之中。定只是慧的基礎，有定無慧是無法解脫的。

依定之內容及其修行之階段，可將定分為多種，基本世間禪定包括四禪與四空定，合稱為四禪八定。

修學定的禪觀法門有許多種，最常見的為「五停心觀」、「五門禪」。有說「五停心觀」即「五門觀」，也有說「五停心觀」是指不淨觀、慈悲觀、因緣觀、界分別觀、數息觀，「五門禪」則是以念佛觀代替以上的界分別觀。

關於修定的功德而言，有以下五種：

1.得現法樂住：有助於身心的樂住健康，這就是禪被視為安樂法門、健康法門的原由。

2.得觀（毘鉢舍那）：即得到開悟的智慧（漏盡智）。

3.得神通：即得天耳通、他心通、宿命通、天眼通、神足如意通等五神通。

4.生於勝有：投生於殊勝幸福的色界與無色界等天界，這是一般凡俗的觀念。

5.得滅盡定：滅盡定是唯有聖者才可得證的清淨無心定。

懺悔

◆發露已作的罪業，痛切悔改，不再重犯

懺悔（梵 kṣama）是指悔謝罪過而不再犯。即作罪或犯罪時，皆應懺悔，始得除罪的清淨。

《佛為首迦長者說業報差別經》中說：「若人造重罪，作已深自責，懺悔更不造，能拔根本業。」北本《涅槃經》中也說：「王若懺悔懷慚愧者，罪即除滅，清淨如本。」

自原始佛教以來，就很重視修行者的懺悔。所以，佛弟子除了隨時自身懺悔外，僧團並有定期舉行懺悔之儀式，也就是每半月所舉行之「布薩」，以及一年一次安居之後所舉行的「自恣」。由此可見懺悔在佛教教團中之重要性。

根據《摩訶止觀》卷二上載，懺悔分為事懺與理懺。藉禮拜、讚歎、誦經等行為所行之懺悔，稱為事懺，又稱隨事分別懺悔，一般之懺悔均屬此類；觀實相之理以達滅罪之懺悔，稱為理懺，又稱觀察實相懺悔。

在《金光明經文句記》中有三種懺悔：⑴作法懺悔，略稱作法懺。依律之作法而行懺悔。⑵取相懺悔，略稱取相懺，又作觀相懺悔。即觀想佛之相好等，以為除罪之懺悔。以上兩懺均屬事懺。

而在《觀普賢菩薩行法經》中記載，在家居士的懺悔方法有：⑴不謗三寶，乃至修六念。⑵孝養父母，恭敬師長。⑶以正法治國，端正人心。⑷六齋日不殺生。⑸信因果，信一實道，信佛不滅。

此外，《觀普賢菩薩行法經》也有「六根懺悔」，即懺悔眼、耳、鼻、舌、身、意等六根之罪障。又稱法華懺法，為天台宗重要之法儀。

有關懺悔滅罪之相及其功德，《占察善惡業報經》卷上謂若有眾生得三業善相時，光明遍滿其室，聞特殊異好香氣，身意快然。或夢佛菩薩來，手摩其頭，歎言：「善哉！汝今清淨故，我來證汝等。」在《大乘本生心地觀經》中說懺悔的功德：

「若能如法懺悔者，所有煩惱悉皆除。猶如劫火壞世間，燒盡須彌并巨海，懺悔能燒煩惱薪，懺悔能往生天路，懺悔能得四禪樂，懺悔雨寶摩尼珠，懺悔能延金剛壽，懺悔能入常樂宮，懺悔能出三界獄，懺悔能開菩提華，懺悔見佛大圓鏡，懺悔能至於寶所。」

懺悔是在三寶前發露自己的罪過，痛切悔改不再錯犯。一切罪業由心而造，經由真實的懺悔，使我們心得清涼，感受到真實的光明幸福。所以經中說：「懺悔之法，是為清涼。」每一天都不要使罪根殘留，才是無上的精進。

除了發露心罪之外，對一切心念覺知過去、現在、未來的心識都是無常的，了知諸法實相覺知造業的主體亦空，是最上的懺悔。所以《觀普賢菩薩行法經》說：「若欲懺悔者，端坐念實相。」就是這個道理。雖然實相之中，沒有造業的主體，但是業相還是有的；因果依然存在。一切因果宛然，若我們能覺證實相，心中自然光明幸福。

第五章 教眾類名詞

十大弟子

◆釋迦牟尼佛十位重要的弟子

十大弟子是指釋迦牟尼佛十位重要的弟子。

1. 舍利弗：智慧猛利，能解諸疑，在佛陀的聲聞弟子中，有智慧第一之稱。

《心經》中的「舍利子」就是舍利弗。

2.目犍連：又稱為目連，神足輕舉即能飛至十方，在聲聞弟子中，有神通第一之稱。目犍連最初與舍利弗同為懷疑論派之門人，後來兩人同時成為佛弟子。「目連救母」故事在中國民間家喻戶曉，目連曾於禪定中見到母親墮於餓鬼道，為了救母親，求教於佛，佛陀教其於佛歡喜日設齋供養諸佛及僧，以此功德使母親脫離餓鬼道，生於天上。這就是盂蘭盆節的由來。

3.摩訶迦葉：即大迦葉尊者，以修十二頭陀行而著稱，能堪苦行，有頭陀第一之稱。在佛陀滅度後，率領五百阿羅漢聖僧，將佛經的教法作第一次結集，因此又稱付法藏第一祖。

4.須菩提：恆好空定，能分別空義，有解空第一之稱。常出現在講說空理的大乘經典中。《金剛經》就是以須菩提為請法者，佛陀所宣說殊勝空義的經典。

5.富樓那：富樓那尊者善於弘法，分別義理，有說法第一之稱。他並發願到民風未開化的邊鄙之地去弘法，佛陀關心他的安危，他向佛陀報告：即使是弘法時被咒罵，受傷，甚至被打死，心中都坦然受之。實為一偉大之弘法家。

6.迦旃延：能分別深義，敷演教法，有論議第一之稱。迦旃延的教化事蹟在僧團中很著名。例如，他曾遇到一位老婆婆因環境困苦，傷心的在河邊大哭，迦旃延就教她「賣貧」，用最簡單的方法教他布施、念佛、觀想，終於使老婦人得生忉利天。

7.阿那律：阿那律在聲聞弟子中，有天眼第一之稱。他是釋尊的堂弟，與阿難同時出家。他曾在佛陀說法時打瞌睡受叱責，遂立誓不眠而致失明，仍勤修不懈，終於證得天眼。

8.優婆離：優婆離原來是釋迦族王室的理髮師，為賤民階級，後在佛陀成道後就隨其出家。在種姓制度極為嚴格的印度社會，佛陀允許賤民出家，造成了極大的衝擊，可以說是一場前所未有的革命。優婆離奉持戒律無所觸犯，有持戒第一之稱。佛入滅後，第一次結集時，戒律就是由其負責誦出。

9.羅睺羅：羅睺羅是釋迦牟尼佛的親子，在佛陀成道返鄉時，跟隨佛陀出家修行，是僧團中有小沙彌的開始。

10.阿難陀：阿難是佛陀的堂弟，他有多聞不忘的特質，在佛弟子中有多聞第一之稱。阿難從出家後一直到佛陀入滅，二十五年間皆為佛的侍者，聽聞佛陀宣說最多法要，因此，在第一次結集時，經藏的結集就是由其所誦出。

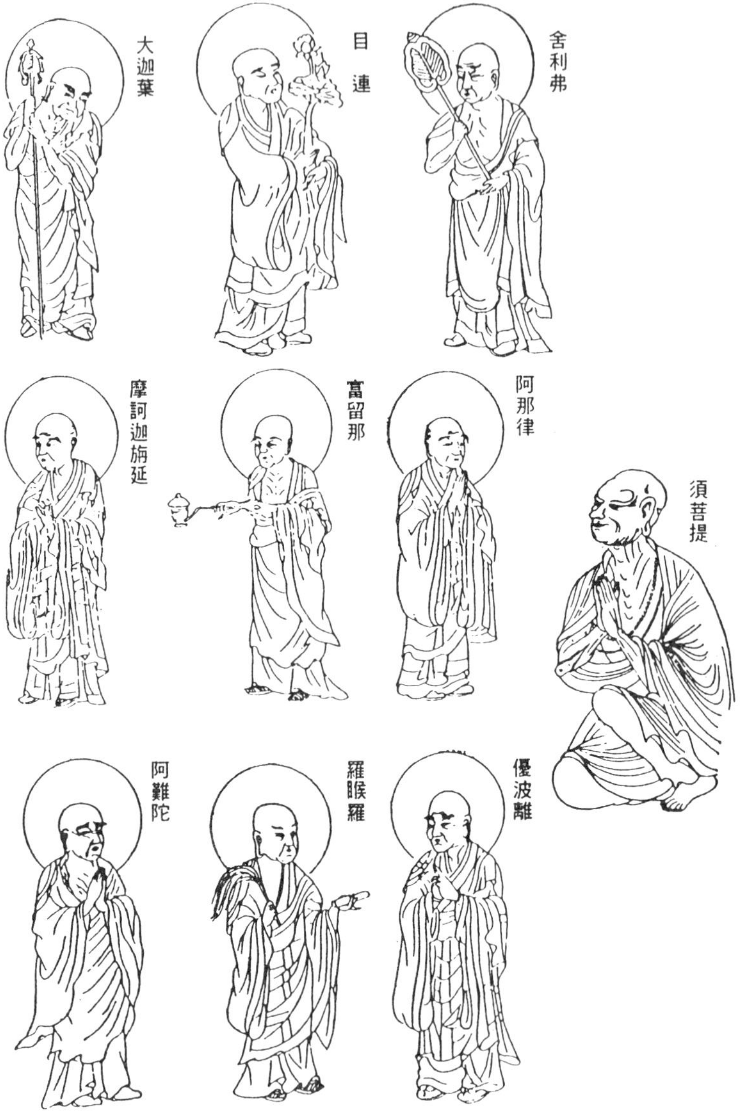

十大弟子像

十八羅漢

◆十八位永住世間，護持正法的阿羅漢

十八羅漢是十八位永住世間護持正法的阿羅漢，是從十六羅漢演變而來。關於十八羅漢的名稱，前十六尊者，如《法住記》所記載：

⑴賓度羅跋羅墮闍，⑵迦諾迦伐蹉，⑶迦諾迦跋釐墮闍，⑷蘇頻陀，⑸諾矩羅，⑹跋陀羅，⑺迦理迦，⑻伐闍羅弗多羅，⑼戍博迦，⑽半託迦，⑾羅怙羅，⑿那伽犀那，⒀因揭陀，⒁伐那婆斯，⒂阿氏多，⒃注荼半託迦。

至於後二位羅漢，則眾說紛紜，有的以慶友為第十七尊，賓頭盧為第十八尊。其中，慶友即難提蜜多羅，亦即《法住記》的作者；賓頭盧即位列十六羅漢之首的賓度羅跋羅墮闍。另也有加上大迦葉與軍屠鉢歎二位尊者。

西藏地區所傳，則加上達摩多羅與布袋和尚。其中，達摩多羅被認為是編纂〈優陀那品〉的法救，但無明確的證據。此外，又有加上降龍、伏虎二尊者，或加摩耶夫人、彌勒二者等不同說法。

元代以後，各寺院的大殿中多供有十八羅漢，且在佛教界，羅漢像的繪畫與雕塑，也多以十八羅漢為主。自此，十六羅漢乃逐漸沈寂，十八羅漢代之而起。日本鎌倉光明寺也有十八羅漢像，據考證係南宋至元代期間之作。

羅漢圖

五百羅漢

◆佛陀住世時的五百位阿羅漢弟子

五百羅漢是指佛陀在世時，證得無學果的五百聲聞。經論中常見的「五百阿羅漢」、「五百比丘」、「五百上首」就是指五百羅漢。

在《佛五百弟子自說本起經》、《佛說興起行經》、《法華經》〈五百弟子授記品〉、《涅槃經》等都有記載五百羅漢的本生、因緣、授記等。《法句譬喻經》卷二說五百羅漢教授槃特比丘之事。《舍利弗問經》中說有住世護法五百羅漢。《大智度論》卷二以佛弟子數為五百，並出五百羅漢的名目。

有的經典中關於住世護法的羅漢，數量有十六或五百之說，在《入大乘論》中更記載九十九億大阿羅漢在佛前誓言永住世護法，《法住記》十六羅漢各有數千眷屬等等。

五百的字數，是根據五百賢聖的故事。例如佛陀滅度後，大迦葉與五百羅漢在王舍城結集佛陀教法。此外，相傳阿育王時，集無我僧與五百凡夫僧令合誦遺法，凡夫僧摩訶提婆（大天）驅無我僧沈於恆河，當時無我僧以神通飛虛空，移往北方迦濕彌羅國。參加迦膩色迦王第四次結集或造《大毗婆沙論》的，據說就是此五百羅漢。《西域記》卷二則說五百賢聖的前身是南海濱一枯樹下的五百隻蝙蝠。

四衆

◆指佛弟子中出家及在家的男女衆

四眾（梵 catasraḥ parṣadaḥ）是指佛陀弟子的四種類別，即比丘、比丘尼、優婆塞、優婆夷，也就是出家男眾、女眾及在家男眾、女眾等四眾。

出家男眾名為比丘；出家女眾名為比丘尼。「比丘」為乞食義，是說其乞食以自生活；又有怖魔、破惡、淨命等意義。俗稱比丘為僧人，僧是梵語「僧伽」的略稱，義為「眾」，凡三比丘以上和合共處稱為眾（舊譯作四比丘以上）。出家制度並不是佛教特有的，印度古代各教派都有出家團體，其出家者也統稱為沙門，意思是「止息一切惡行」。但是由於印度其他教派未傳入中國，於是沙門也就成為出家佛教徒的專有名稱。

在家男眾稱為優婆塞；在家女眾稱為優婆夷。「優婆塞」，意思是「清信士」，又稱作近事男，言其親近奉事三寶。優婆夷義為「清信女」或「近事女」。俗稱在家佛教徒為居士，這是梵語迦羅越的義譯，原指多財富樂的人士，就是居積財貨之士，轉而為居家修道之士的稱呼。

這四眾如果再加上沙彌、沙彌尼、式叉摩尼等三者，則成為「七眾」。沙彌、沙彌尼是欲成為比丘、比丘尼而受持十戒者，式叉摩尼是指從沙彌尼到成為比丘尼之間階段的學法女子，在此期間（一般為三年）必須修學六法，一方面學習出家修行生活，另一方面也確定未懷有身孕，以免有孕在身不知情而出家，遭使僧團受到誤解譏謗。

除了以上的四眾之外，在法會中也有四眾，讓眾生能順利受法，悟入解脫，或種下無上菩提之因。

⑴發起眾：指能鑑知時機而發起集會、瑞相、問答等之會眾。⑵當機眾：指因宿世植德本、緣合時熟，而於會座得道之會眾。⑶影響眾：指往古諸佛或法身大菩薩，隨其圓極而示現偏小，以輔佐當會教主佛教化。就如同眾星繞月，開悟與會之大眾。⑷結緣眾：指宿善淺薄、根機下劣之會眾。此類人現世見佛聞法，雖未能當下證悟受益，但已結下未來證悟的因緣。

緣覺

◆未聞佛說法，獨自悟道的聖者

緣覺（梵 pratyeka-buddha），佛法中之一類解脫聖者，又稱為「辟支佛」。此種解脫者和聲聞不同，他們並未隨佛聞法，而是獨自悟道，且性好寂靜孤獨，不事說法教化，所以又稱為「獨覺」。此種解脫者，與聲聞合稱為「二乘」，如果再加上菩薩，則稱之為「三乘」。

「緣覺」又稱為「緣一覺」、「因緣覺」。據《大乘義章》卷十七中說，緣覺的名稱有兩種意義，第一是就其所觀察悟道的法門為十二緣起法，由此而稱為「緣覺」，第二種說法是此類聖者得道因緣是藉現事緣而得覺悟，所以稱為「緣覺」。

關於獨覺的種類，《大毗婆沙論》、《俱舍論》、《瑜伽師地論》諸論分為「部行獨覺」、「麟角喻獨覺」（麟喻獨覺）二種。部行獨覺是因其人曾為聲聞，於其時組織部黨，行團體生活，故而得名。此類人在聲聞修行時已得三果不還果，但證得阿羅漢果時，即脫離佛之教導而自修自覺。

麟喻獨覺是這類行者獨自在山間、林下修行，不結伴侶，所以用麟角為喻而得名。

聲聞

◆聽聞佛陀之言語聲教，依法修行的佛弟子

聲聞（梵 śrāvaka），是指聽聞佛陀之聲教而依教修行的佛弟子。

在原始佛教聖典中，佛陀在世時的弟子，不論在家或出家，都稱為聲聞。但是到了後世，聲聞被限定為專指出家弟子。大乘佛教興起之後，聲聞與緣覺皆被大乘教徒相稱為「小乘」。

聲聞行者有幾種特性，其修持以《阿含經》為所依止之經典，修行上以觀苦、集、滅、道四聖諦為主；最後目標希求證得阿羅漢果；修行的方向著重在個人證悟，而非以濟度眾生為主要目標。

關於聲聞的種類，諸經論的說法不一。例如《解深密經》卷二〈無自性相品〉將之分為二種：⑴一向趣寂聲聞：即永入於無餘涅槃者。⑵迴向菩提聲聞：這是指迴心轉向大乘，證得無上菩提者。《入大乘論》又將此種聲聞分為利、鈍二種根器，如果是勤修禪定，不能成就菩提之果者，稱為「鈍根聲聞」；迴向菩提，能斷智慧障礙者，稱為「利根聲聞」。

世親菩薩在《法華論》則將聲聞行者分為以下四種：

(1)決定聲聞（種姓聲聞）：這是原本即屬聲聞性，由於聲聞四諦法而證入寂滅無餘之小果者。

(2)增上慢聲聞：這是尚未證果的凡夫，卻生起增慢心而自說其已證聖果者。

(3)退菩提心聲聞：這是指原有大菩提心，修行大乘，但是最後卻退為聲聞者。

(4)應化聲聞：指諸菩薩隨所化現假示之聲聞相。

以上四種之中，第一種及第三種為真實聲聞，而只有第一為決定性（姓）聲聞，不迴心向大，餘皆為不定性。此外，天台家又加佛道聲聞，而成五種。

第六章 菩薩道相關名詞

十地

◆大乘菩薩道的十種修行階位

十地是指大乘菩薩道的修行階位。以「地」為名稱，是由於大地能生長萬物，所以經典中常以「地」來形容能生長功德的菩薩行。「十地」就是指十個菩薩行的重要階位。

在佛典中，不同的經論對十地的內容也有不同的描述，一般是以《華嚴經》的十地來說明菩薩修行的十個階次。

在菩薩修行的過程當中，一般說法須經十信、十位、十行、十迴向、十地等五十個階位。而其中的最後十個階位，即十地。菩薩初登此位之際，即出生無漏的智慧，證見佛性，成為聖者，開始長養佛智，開始護育一切眾生。

初地以上的菩薩稱為「地上菩薩」；登初地（歡喜地）之菩薩稱為登地菩薩，即指十住、十行、十迴向之初地前三十種境界。「地」意為住處，所以十地有時譯作十住或十住地。

第一「歡喜地」是離脫凡夫地、入菩薩的聖位，總括菩薩的本願妙行而觀修之地。

第二「離垢地」是修十善業道，離脫三惡趣之業垢的行位。

第三「發光地」是菩薩住忍辱行，實際善化有情的行位。

第四「焰慧地」是不退精進、解脫身見、發得如來家法之真智見的行位。

第五「難勝地」是斷了菩薩行中被認為難行的我愛我執，而體驗有情的平等性的行位。

第六「現前地」是知道十二因緣終歸於無明的一心，三界只是此虛妄心的影像，諸法實相現前的行位。

第七「遠行地」是圓修三十七菩提分法，證悟法性本來寂靜，隨緣轉現的行位。

第八「不動地」是解脫有功用而於無功用行，不斷的使三業悉契合佛所作所行的行位。

第九「善慧地」是以三乘的教法給予一切有情利益安樂的大法師之位，法王子之位。

第十「法雲地」是普降如來法雨，以利益三乘人，菩薩自身受三世諸佛灌頂為法王的行位。

十地菩薩逐漸趨向佛境，所以又稱為受職位；有時從十地中又別分出等覺與妙覺二地，而成為五十二個次第。

五十二位

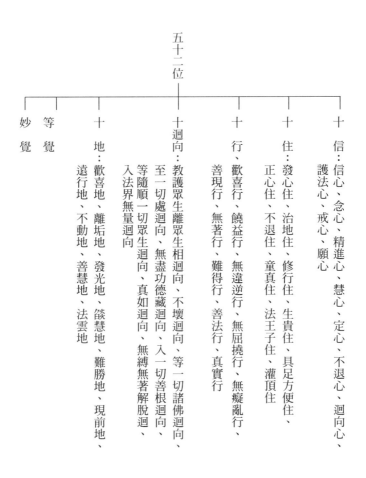

- 十信：信心、念心、精進心、慧心、定心、不退心、迴向心、護法心、戒心、願心
- 十住：發心住、治地住、修行住、生貴住、具足方便住、正心住、不退住、童真住、法王子住、灌頂住
- 十行、歡喜行、饒益行、無違逆行、無屈撓行、無癡亂行、善現行、無著行、難得行、善法行、真實行
- 十迴向：教護眾生離眾生相迴向、不壞迴向、等一切諸佛迴向、至一切處迴向、無盡功德藏迴向、入一切善根迴向、等隨順一切眾生迴向、真如迴向、無縛無著解脫迴向、入法界無量迴向
- 十地：歡喜地、離垢地、發光地、燄慧地、難勝地、現前地、遠行地、不動地、善慧地、法雲地
- 等覺
- 妙覺

大悲心

◆諸佛菩薩不忍眾生受苦，而欲拔濟之心

大悲（mahākaruṇā）能拔除一切眾生的苦痛，是一切有情的離苦因緣。悲為佛法根本，故名為大。菩薩看見眾生的生、老、病、死諸大苦聚，生起大慈悲；對於一切眾生乃至一蟲一物，所有苦痛，感到如刀割心，由此生起大悲心。

《觀佛三昧海經》說：「悲者見眾受苦，如箭入心，如破眼目，心極悲苦，遍體雨血，而欲拔之。」由此可見悲之迫切。但是眾生的悲範圍小，僅止於一身、一境；二乘的悲亦小，雖然能觀察眾生種種身苦、心苦，但也只能憐愍而已，不能令得解脫。

菩薩的悲心，比起諸佛而言為小，對於二乘而言為大，又因為能趣入諸佛大悲故，所以能假名大悲。事實上，只有諸佛的悲心，才是真實大悲，能愍念一切

眾生苦，而且能真實令眾生脫離憂悲苦惱。大悲又能出生諸佛的十力、四無畏、四無礙智及十八不共法，一切的大智大法皆從大悲而出。

佛法中將之大致分為三種類別：

一、眾生緣悲：以眾生為緣起，與悲相應，沒有瞋恚怨惱。生起廣大無量大悲，而修其心，遍滿十方三世一切眾生。這大多為凡夫或學人，煩惱諸漏未盡者所修。

二、法緣悲：破我相執著者，知道因為因緣相續的緣故，出生苦惱，然而諸法本空，何有受者？眾生以無智慧故，不能了知，故愍而除之。此多為漏盡之阿羅漢、辟支佛所行。

三、無緣大悲：諸佛於十方世界求眾生不可得，不取於眾生之相，而能起自在的大悲。此大悲只有諸佛圓滿，菩薩則如量修習。

大悲是佛法的根本，一切大法即從此出。所以《大日經》說：「菩提心為因，（大）悲為根本，方便為究竟。」一切菩薩的菩提道，皆為悲心所安立，所以無有菩薩不具悲心者。

由此可知，大悲為佛法根本，大悲菩薩是真實佛子，是佛嫡子，與諸佛共住，為佛所歡喜。大悲菩薩為佛的長子，為眾生的善友，是一切眾生脫離苦海的慈航。

六波羅蜜（佈施、持戒、忍、精進、禪定、般若）

◆六種救安眾生到涅槃彼岸的法門

六波羅蜜（梵 ṣaṭ pāramitā）又作「六度」，是大乘菩薩道的核心實踐法門。是指佈施、持戒、忍、精進、禪定、般若等六種波羅蜜。

「波羅蜜」具稱「波羅蜜多」，意譯為「到彼岸」或「度」。此外，在語意上，又有「絕對的」、「完全的」、「完成的」諸義。

修此六種法門，則可度生死海，到達涅槃常樂的彼岸，所以稱為六度。《六度集經》卷一：「眾祐知之，為說菩薩六度無極難逮高行，疾得為佛。何謂為六？一曰布施，二曰持戒，三曰忍辱，四曰精進，五曰禪定，六曰明度無極高行。」

六波羅蜜在各經典中都有敘說，尤其是《六度集經》、《六波羅蜜經》更有詳細的說明。

布施波羅蜜：又稱檀那波羅蜜，佈施波羅蜜又可分為財施、無畏施、法施三種，也就是佈施錢財，佈施無畏，使人心安穩，佈施佛法，使人解脫。

持戒波羅蜜：又稱「尸羅波羅蜜」或「戒波羅蜜」、「戒度無極」。指持守律儀戒、攝善法戒、饒益有情戒，能對治惡業令身心清淨。戒律的根本精神，是「自安安人」，是團體生活中必須遵守的軌則，戒波羅蜜能自安心，且不令他人起紛擾之心，可以說是現代化的持戒。

忍（辱）波羅蜜：又稱「羼提波羅蜜」或「安忍波羅蜜」、「忍辱度無極」。亦可譯為絕對的、安住的安忍，或忍的完成。指修耐怨害忍、安受苦忍、諦察法忍，能對治瞋恚，使心安住。很多人會將忍與壓抑忍耐、犧牲畫上等號，其實不然。有犧牲的概念，是因為有「我」，而忍波羅蜜卻是「無我」的，是由智慧了悟無我的實相，唯有如此才能「耐怨」、「安受苦」，也才是真正的忍波羅蜜。

精進波羅蜜：又稱「惟逮波羅蜜」或「精進度無極」。有身精進、心精進二種。前者指於身勤善法、行道、禮誦、講說、勸助、開化，或指勤修布施、持戒的善法；後者指於心勤行善道，心心相續，或指勤修忍辱、禪定、智慧。精進能治懈怠，生長善法。精進波羅蜜是在成佛的道路上，不斷實踐一切菩薩行，度化眾生，精進波羅蜜的真義是在過程中，而非在最後的目的上。

禪定波羅蜜：又稱「禪那波羅蜜」或「靜慮波羅蜜」、「禪度無極」。指修現法樂住靜慮、引發神通靜慮、饒益有情靜慮，能對治亂意，攝持內意。禪定是產生智慧的根本修持法，禪定的修持不僅止於坐禪，而是在二十四小時的生活都安住於禪定，而產生智慧，了知生命實相。

般若波羅蜜：意為「智慧波羅蜜」又稱「明度無極」。得世俗慧、緣勝義慧、緣有情慧。能對治愚癡，了知諸法實相。在現代科技發達、物質文明昌盛，使人類逐步物化，執著於各種對立二分之事物，嚴重扭曲了宇宙實相，因此般若波羅蜜可說是現代人最迫切的需要，也是六波羅蜜中最重要的。

四弘誓願

◆一切菩薩共同的四種弘願

四弘誓願是指一切菩薩所應發起的四種共同的誓願，「眾生無邊誓願度，煩惱無盡誓願斷，法門無量誓願學，佛道無上誓願成」四者為四弘誓願。

《大乘本生心地觀經》卷中說：「一切菩薩復有四願，成熟有情住持三寶，經大劫海終不退轉。云何為四？一者誓度一切眾生，二者誓斷一切煩惱，三者誓學一切法門，四者誓證一切佛果。」

現今一般所念誦的四弘誓願，大多是依《六祖法寶壇經》所說「眾生無邊誓願度，煩惱無盡誓願斷，法門無量誓願學，無上佛道誓願成」；真言宗則依《佛頂尊勝陀羅尼誦儀軌》及《受菩提心戒儀》等書所說，誦「眾生無邊誓願度，福智無邊誓願集，法門無邊誓願學，如來無邊誓願事，無上菩提誓願成」五句，此也稱為金剛界之「五大願」。

四弘誓願是指菩薩的四個根本共願，也就是眾生無邊誓願度、煩惱無盡誓願斷、法門無量誓願學，佛道無上誓願成。

依著理智的推演，我們可以看出這四弘誓願的根本理路：「眾生無邊誓願度」，是依眾生生起深刻的悲懷，而願度一切眾生解脫。「煩惱無盡誓願斷」，是從經驗理性中了知，一切眾生不能解脫，根源於無盡的煩惱，一一煩惱有一一眾生，無邊煩惱有無邊眾生。「法門無量誓願學」，一一煩惱各有煩惱對治法門，要斷除種種煩惱必須具足種種方便，所以要修學無量法門具足無量方便以對治無盡煩惱。「佛道無上誓願成」，除盡一切煩惱，清淨無礙具足解脫，有清淨眼徹知佛道無上，將使眾生成就究竟佛道，亦使自性成就，法界同體解脫，同證無上正等正覺。

四無量心（慈、悲、喜、捨）

◆佛菩薩度化眾生的四種精神

四無量（梵 catvāry apramāṇāmi），又作四無量心、四等心、四等、四心，是佛菩薩為普渡無量眾生，令離苦得樂所應具有之慈、悲、喜、捨四種精神：

一、緣於無量眾生，思惟使他們得樂的方法，而證入「慈等至」的定境，稱為慈無量。

二、緣無量眾生，思惟使他們離苦的方法，而證入「悲等至」的定境，稱為悲無量。

三、思惟無量眾生能夠離苦得樂，內心深感喜悅，而證入「喜等至」的定境，稱為喜無量。

四、思惟無量眾生一切平等，沒有怨親之別，而證入「捨等至」的定境，稱為捨無量。

據《增一阿含經》記載，修四等心能得超欲界天，而至於梵天處，故四無量又稱四梵至、四梵處、四梵行。根據《俱舍論》記載，「無量」有三種意義：(1)以無量的眾生為此四心所緣，(2)此四心能牽引無量的福德，(3)此四心能夠招感無量的果報。

關於四無量所依止的禪定境界：喜無量心為喜受所攝，故依止初禪與二禪。慈、悲、捨三無量心則通依止於四禪、未到地定與中間定等六種境地。或有以初禪攝慈無量心，二禪攝悲無量心，三禪攝喜無量心，四禪攝捨無量心。

在小乘，唯有緣於眾生，而生起慈、悲、喜、捨四心；但在大乘，則廣說眾生緣、法緣、無緣等三種慈心。《大智度論》所列的三種慈，即：

一、眾生緣慈：為凡夫及有學之人所生起，即緣一切眾生而無怨親之別，普欲令得利益。二、法緣慈：為無學或辟支佛等所起，即以慈念緣五蘊之法，令不知人空者得樂。三、無緣大慈：為諸佛所行，以佛住於實相而無分別，故心無所緣，唯以諸法實相智慧，令眾生證得。上述的三種緣於悲、喜、捨也是如此。

四攝法（佈施、愛語、利行、同事）

◆菩薩攝受衆生的四種方法

四攝法（梵 catvāri saṃgraha-vastūni）是指菩薩攝受眾生，使其生起親愛心而導引入於佛道，以至開悟解脫的四種方法，即布施、愛語、利行、同事。

(1)布施攝：即以無所施之心施受真理（法施）與施捨財物（財施）。若有眾生樂於資財，則布施資財；若樂於佛法，則布施佛法，令他們生起親愛之心而依附菩薩，信受佛道。

(2)愛語攝：乃是依於眾生的根性而以善言安慰他們，使他們起親愛的心而依附菩薩信受佛道。

(3)利行攝：謂實行身、口、意等三業的善行，來利益眾生，使他們生起親愛之心而依附菩薩，信受佛道。

(4)同事攝：就是親近眾生與他們同感苦樂，並以法眼觀見眾生的根性而隨其所樂型態示現，使他們同霑利益，因而入道。

在《菩薩地持經》及《大莊嚴論》中，論及四攝的相互關係，將布施攝放在第一，是攝受的善巧方便，先布施種種財物，饒益有情，令彼聽受所說法，奉行教法，所以是隨攝方便行。愛語是能攝方便，以和言愛語述正教正理，以正法攝受有情。利行是令入方便，先授正法，由行利行，令彼有情出不善處而入善處，令過度生死入泥洹道。同事是隨轉方便，相共修正事業，行正道，使眾生隨時趣向正道。

布施、愛語、利行、同事這四攝法，是菩薩利益眾生的必要條件，所以菩薩在修學這四法的時候，也必然的隨著自己修行境界的增長，而使之圓滿。像布施中的財施、法施乃至無畏施，必得修持到沒有施者、受施者及布施物品，三輪體空的無相布施。愛語必須以至慈至悲的柔軟心、智慧語來教化眾生。利行要清淨自己的身、語、意，以無所得的密行來幫助眾生。同事更要用法界一相、同體一如，無我無人的無緣大慈來廣攝眾生；使他們證得圓滿的佛道。如此才是圓滿的四攝法。

菩提心

◆欣求無上佛道之心

菩提（梵 bodhi），是斷絕世間一切煩惱而成就涅槃的智慧，也就是佛陀、緣覺、聲聞各於他們所修證的果德所得證的覺悟智慧。

菩提意譯為覺、智、知、或道。在這三種菩提當中，以佛的菩提為無上究竟，所以稱為「阿耨多羅三藐三菩提」，阿耨多羅三藐三菩提譯作「無上正等正覺」、「無上正智」、「無上正真道」或「無上菩提」。菩提心（梵 bodhi-citta）全稱為阿耨多羅三藐三菩提心。又作無上正真道意、無上菩提心、無上道心，也就是欣求無上菩提的心。

大乘菩薩的意義，就是發起無上菩提心的有情，就大乘佛法而言，菩提心是一切的根本，如果沒有菩提心，則不名為菩薩。

・五種菩提

關於佛的菩提，在《大智度論》當中立有五種菩提：一、發心菩提：於無量生死中發心，為阿耨多羅三藐三菩提故，名為菩提。二、伏心菩提：折諸煩惱，降伏其心，行諸波羅蜜。三、明心菩提：觀三世諸法本末總相、別相，分別籌量，得諸法實相，畢竟清淨，所謂般若波羅蜜相。四、出到菩提，於般若波羅蜜中得方便力故，不著般若波羅蜜，滅一切煩惱，見一切十方諸佛，得無生法忍，出三界，到薩婆若（即一切智智）。五、無上菩提，坐道場斷煩惱習，得阿耨多羅三藐三菩提。

了解菩提之後，我們應當對菩提心有更深一層的了悟。《華嚴經》中說：「菩提心猶如種子，能生一切諸佛法故。菩提心猶如良田，能長眾生白淨法故；猶如大地，能持一切世間故。」可知菩提心是一切諸佛的種子，淨法長養的良田，如果我們能發起此心勤行精進，當能速成無上菩提。所以，菩提心乃一切大願的初始，菩提的根本，是大悲菩薩所依止之處。

・四種菩提

菩提心有許多不同的分類與解說方式，我們在此可將之分為下列四種：

一、願菩提心：就是菩薩緣於十方眾生生起大悲，為利益一切有情，願彼等證得解脫安樂，圓滿成佛而發起的菩提心。此心以「眾生無邊誓願度，煩惱無盡誓願斷，法門無量誓願學，佛道無上誓願成」等四弘誓願為根本，乃至不惜自身生命百千萬劫度一切眾生的誓願都屬此。

二、行菩提心：是以願菩提心為基礎的一切菩薩六度萬行。當菩薩發了根本大願之後，隨時隨地不斷的修學實踐廣度眾生，他的功德也逐漸增長，滅除眾生的各種疾苦，成就種種的安樂，降伏一切煩惱。

三、勝義菩提心：又稱為深般若心，是菩薩在行菩提心的過程當中，了悟一切法都是空無自性的，能夠現觀勝義空寂的佛性，而求菩提。在勝義菩提心當中，能於眾生生起無間的悲心，但是以甚深般若的智慧，現觀諸法不生，諸佛與眾生皆為現前如幻。這是大悲為體，如幻為用的菩提心；相當於初地菩薩了悟諸法實相畢竟清淨空寂的明心菩提。

四、三摩地菩提心：這是東密所特別安立的菩提心，在這境界之中，定慧等持、悲智交融，不假方便觀行即能具足菩提心。十方的諸佛能現前證明，諸魔降伏，真諦的勝義菩提心與願行菩提心混同無二，悲智無功用的廣大威力無間斷的現前。

・發起菩提心的因緣

了解菩提心之後，我們應當了解發起菩提心的因緣。《十法經》中說：發菩提心的原因有四種：一、見發菩提心的功德而發心；二、對如來發生誠摯的信心而發心；三、看見眾生的痛苦而發心；四、因善知識之化導而發心。

在《菩薩地論》中，也說發菩提心的四種因緣：㈠具足圓滿菩薩種性的緣故，而發起菩提心。㈡因為佛陀、菩薩及善知識之攝受而發起菩提心。㈢因為看見眾生的苦痛而生大悲因而發菩提心。㈣於遠劫之輪迴苦痛及菩薩之種種無間難行苦行，心無怯弱，勇志無畏，因而發菩提心。

菩提心殊勝不可思議，每一個學佛的人都應該與佛陀一般發起廣大的菩提心。而菩提心的功德也無量無邊，像岡波巴大師就曾宣說願菩提心有八種功德：

1.趨入大乘。2.成就一切菩薩學處之法器。3.徹斷一切罪業之根。4.種植無上菩提之根本因。5.獲取無量功德。6.令一切諸佛歡喜。7.一切眾生皆得蒙益。

8.速疾證得無上佛位。

此外，諸佛皆是由於發菩提心而發起種種大願以成佛道利益眾生，例如阿彌陀佛在因地時發了四十八大願，而藥師佛則發了十二大願，我們應當學習諸佛來發願，並懺悔往昔所造業及迴向功德利益眾生。

一個學佛的人，當他發起菩提心時，除了為救度一切眾生而發起根本四弘誓願之外，更可以學習諸佛菩薩所發的廣大願力，甚至以他們的誓願作為自己的誓願；這就如同藥師佛十二大願；或是彌陀四十八願，普賢十大願……等皆可以做為我們發願的參考。

菩薩

◆發起無上普提心，願使一切有情圓滿成佛的大心衆生

菩薩（梵 Bodhi-sattva）是指發起無上菩提心，利益一切眾生，使他們圓滿成佛，並修行六度波羅蜜等一切菩薩勝行，以成證無上菩提佛果的生命。因此，菩薩也是指未來可以成佛的大心眾生。

菩薩是「菩提薩埵」的略稱，意譯為覺有情、道眾生、道心眾生或開士。有時菩薩也被稱為「大士」，這是摩訶薩埵或摩訶薩（梵 Mahā-sattva）的意譯。此外，由於菩薩是佛位的繼承者，因此有時也稱為「法王子」又稱為「童真」。

「菩薩」一詞，僧肇法師在《注維摩詰經》卷一中解釋說：「菩提，佛道名也；薩埵，秦言大心眾生。有大心入佛道，名菩提薩埵。」此外，在《大智度論》卷四中則說：「菩提名諸佛道，薩埵名「成眾生」或「大心」，是人諸佛道功德盡欲得，其心、不可斷、不可破，如金剛山，是名大心。（中略）菩薩心自

利利他故，度一切眾生故，知一切法實性故，行阿耨多羅三藐三菩提道故，為一切賢聖所稱讚故，是名菩提薩埵。（中略）有大誓願心不可動，精進不退，以是三事名為菩提薩埵。」

《華嚴經大疏鈔》卷一（下）也以三義來解釋，即⑴菩提是所求的佛果，薩埵是所化的眾生，故名「菩薩」；⑵「菩提」是所求的果，「薩埵」是能求的人，故名為菩薩；⑶「薩埵」義為勇猛，這是因為對於大菩提追求勇猛之故。

綜合以上的意義，我們可以歸納出：菩薩有上求菩提（自利）、下化眾生（利他）的雙重任務。所以，我們可以說：當一個人發了無上菩提心，上求無上的佛果，發願永誓濟度一切眾生，並幫助他們圓滿成佛時，就是菩薩了。

而無上菩提心的基本內容就是四弘誓願，這四弘誓願分別是：㈠眾生無邊誓願度，㈡煩惱無盡誓願斷，㈢法門無量誓願學，㈣佛道無上誓願成。這四個誓願涵蓋了菩薩救度一切眾生及成就佛道的實踐過程與方法。因此，如果真實發起這樣的心願，就是真實的菩薩；發起心願後努力的實踐，就是精進的菩薩；如果能不退轉的精進實踐，則能直趣成佛之道了。

如果發心勤求無上菩提，然後修習能救度一切眾生到達解脫彼岸的布施、持戒、安忍、精進、禪定、智慧等六波羅蜜菩薩行，並進而漸次增進菩薩的五十二次第階位，最後成證無上菩提的菩薩，是大乘佛教的修行者，發心成佛的通途，也是菩薩根本的定義。

但另外有的菩薩，則是已經修證成就，已幾乎是等向佛果的等覺菩薩；或是早已成就無上菩提的佛果，但是現在卻倒駕慈航，化現為菩薩的，這些菩薩就是一般大眾所禮敬的觀音菩薩、文殊菩薩等大菩薩。

願

◆內心發起的決定心願

願（梵 praṇidhāna）有「志願」、「欲願」、「願求」等義。

學佛的人在修行上首先要發起求菩提的願心，故《大智度論》卷七中說：「獨行功德不能成故，要須願力。譬如牛力雖能挽車，要須御者，能有所至；淨世界願，亦復如是，福德如牛，願如御者。」這是以福德和願力為比喻，即使具足福德，沒有願力也無法完成。就像有錢能行善布施，但如果不願意去做，也無法完成。

「願」又可稱為本願、因願、誓願。主要有總願與別願二種。例如：「四弘誓願」就是佛菩薩共通的總願；而阿彌陀佛的四十八願、藥師佛的十二上願、釋迦牟尼佛的五百大願則是別種大願。而修行者在內心發起總願或別願之心，稱為「發願」。發願必須實踐，才能成就，此二者合稱「願行」。

觀世音菩薩

◆象徵悲心的菩薩

洪啓嵩繪

觀世音菩薩（梵 Avalokiteśvara），在大乘佛教中，是最為人所熟知的菩薩，他以大悲顯現，拔除一切有情苦難為其本願，循聲救苦，不稍停息。《法華經》〈普門品〉說：「若有無量百千萬億眾生受諸苦惱，聞是觀世音菩薩，一心稱名，觀世音菩薩即時觀其音聲，皆得解脫。」可見其法門的廣大，與悲願的弘深。觀世音菩薩是過去佛，早已成就正覺，佛號為「正法明如來」，為了濟度一切眾生，所以他才倒駕慈航，再現菩薩之身。

觀世音菩薩以大悲救度為主要的德行，但是蘊含於大悲之後的，乃是無邊的大智。所以觀世音菩薩是無限的慈悲心與般若正智，圓融無二的具體表現，他無剎不應的示現，也使他成為與我們娑婆世界眾生最為相契的菩薩。

觀音菩薩的化身極多，有所謂「六觀音」及「三十二應化身」象徵其「千處祈求千處現」的大悲誓願。常見的尊形有千手觀音、準提觀音、如意輪觀音、十一面觀音等。此外，觀音菩薩和大勢至菩薩也是極樂世界的二大士，與阿彌陀佛合稱「西方三聖」。

文殊菩薩

◆象徵智慧的菩薩

文殊師利菩薩（梵 Mañjusri），梵名音譯為文殊尸利、曼殊師利、曼殊室利、滿祖室哩，簡稱文殊。又名文殊師利法王子。文殊菩薩常與普賢菩薩同侍釋迦牟尼佛，是釋迦牟尼佛所有菩薩弟子中的上首，所以又稱為文殊師利法王子。

文殊菩薩雖然為了輔助釋尊的教化，一時示現為等覺菩薩，但實際上他在過去、現在、未來三世當中，都已成佛。在過去世中文殊菩薩稱「龍種上佛」，又名

「大身佛」或「神仙佛」，現在稱為「歡喜藏摩尼寶積佛」，未來則稱為「普現佛」。

文殊菩薩所居住的處所為清涼山，傳說就是中國的五台山。

在大乘菩薩中以文殊菩薩是智慧第一的菩薩，所以又稱為「覺母」，文殊菩薩是諸佛之母，他仗劍騎獅，代表著其法門的銳利。以右手執大利劍斷一切眾生的煩惱，以無畏的獅子吼震醒沉迷的眾生。

文殊菩薩的尊形有多種，常見的有五髻文殊、一髻文殊或與普賢菩薩同為釋迦牟尼佛二大脇侍，此三尊稱為「華嚴三聖」。

地藏菩薩

◆象徵大願的菩薩

地藏菩薩（梵 Ksitigarbha），是悲願特重的菩薩，因此佛教徒常稱之為大願地藏王菩薩，以彰顯其特德。《大乘大集地藏十輪經》裡面說其「安忍不動猶如大地，靜慮深密猶如祕藏」，所以名為「地藏」。

安忍不動猶如大地，是說地藏菩薩的忍波羅蜜第一，猶如大地能夠承載一切眾生的種種罪業，如同大地一樣，所有污穢、罪業加在他身上，他仍安忍不動。而地藏王菩薩是以「地獄不空，誓不成佛」的廣大悲願，廣為世人所熟知的偉大菩薩。

任何眾生如果至心如法的念誦地藏菩薩的名號，都可以獲致無邊的利益。因為有無量不可思議的殊勝功德，他自發心修行以來，已經成就了不可思議功德，他的智慧、功德，早已與佛相同，證入於等覺之位，應該早已成佛。但是由於他的悲願高遠，所以要度盡一切眾生，方成佛果，至今仍示現菩薩相，而沒有成佛。

地藏菩薩常示現出家相，與觀音、文殊、普賢等菩薩的在家相不同。他特別救濟苦難的地獄眾生。並提倡孝道，教人如法的超荐祖先；教導眾生敬信三寶，深信因果，所以中國佛教界對他有至高的崇仰。

地藏菩薩（洪啓嵩繪）

普賢菩薩

◆象徵實踐力的菩薩

普賢菩薩（梵 Samantabhadra），意譯作遍吉，意為具足無量行願，普示現於一切佛剎的菩薩，故常被尊稱為大行普賢菩薩，以彰顯其特德。

關於其名號的意義，《大日經疏》卷一中提到：普賢菩薩，普是遍一切處義，賢是最妙善義。是說普賢菩薩依菩提心所起願行，及身、口、意悉皆平等，遍一切處，純一妙善，具備眾德，所以名為普賢。

普賢代表一切諸佛的理德與定德，與文殊的智德、證德相對，兩者並為釋迦牟尼佛的兩大脇侍。文殊駕獅、普賢乘象，表示理智相即、行證相應。密教普賢是以其表示菩提心，認為他與金剛手、金剛薩埵、一切義成就菩薩同體。在《華嚴經》中，更以「因、道、果」普賢來象徵一切有情發心成佛的過程。

象徵廣大實踐力的普賢菩薩

彌勒菩薩

◆象徵慈和喜樂的菩薩

彌勒菩薩（梵 Maitreya），意譯作慈氏，是這個世界，繼釋尊之後成佛的菩薩，故又稱一生補處菩薩，補處薩埵或彌勒如來。

在《賢愚經》中記載：彌勒菩薩之父名為修梵摩，母稱梵摩提跋，生於南天竺的婆羅門家。因為菩薩的母親懷孕之後，性情變得慈和悲憫，所以菩薩出生後，即取名為「慈氏」。菩薩自幼立志修道，中途得釋尊之教化，並授記其成為一生補處的菩薩，未來當成佛。

彌勒菩薩現居兜率天，一生之後，即將到人間補釋迦牟尼佛位而成佛，所以也稱為「一生補處菩薩」。彌勒菩薩現在兜率天內院弘法，教化菩薩眾與天眾。此天的壽量與菩薩成佛，以及南瞻部洲之人具佛善根業的成熟時間很相當，因此菩薩在此天受生。所以經彼天壽四千歲（彼天一日人間四百年）之後，將會降生

到我們這個世界；而在華林園龍華樹下成就佛道，並且三會度生，轉妙法輪。這三次的度眾法會就稱為「龍華三會」。

學習彌勒菩薩的法門，應當學習他的大慈與樂，我們應當每日檢討今日是否比昨日帶給眾生更大的喜悅；如果我們能夠念念無間斷的給予眾生喜樂而覺證性空如幻，就成就了彌勒菩薩的大慈法門。

大勢至菩薩

◆象徵廣大力量的菩薩

大勢至菩薩（梵 Mahā-sthāma-prāpta），又譯作得大勢、大勢志、大精進，或簡稱勢至、勢志。是淨土信仰中的重要菩薩，與觀世音菩薩同為阿彌陀佛的脇侍。彌陀、觀音、勢至合稱為「西方三聖」。

大勢至又作「得大勢」、「大精進」菩薩。此菩薩以智慧光普照，令眾生離三塗，得到無上的大力。他行走時，十方世界一切皆震動，所以稱為大勢至。《觀無量壽經》說：此菩薩以智慧光普照一切，令眾生遠離三惡道，得無上力，所以稱此菩薩為大勢至。

在《悲華經》中記載，當阿彌陀佛入滅後，由觀世音菩薩補其位；觀世音入滅後，即由大勢至補處成佛，號為善住珍寶山王如來。

關於其形像，據《觀無量壽經》載，其天冠中有五百寶花，一一寶花又有五

百寶臺，每一寶臺皆現十方諸佛之淨土妙相，頂上之肉髻如缽頭摩花，肉髻中安置一寶瓶；其餘身相則與觀世音菩薩大同小異。

大勢至代表大力，是這個時代所需要的；大力具足能不動而自然威伏一切眾生修學佛法，實在是極大的方便，我們應當學習大勢至菩薩，每日檢討今日是否比昨日更有力量度眾生，如果能逐漸具足大力，遍動十方法界，就成就了大力法門。

第七章 世界相關名詞

二十五有

◆生命存有的二十五種方式

佛法中將三界生命存有的型態分為二十五種方式，稱為「二十五有」：⑴地獄有，⑵畜生有，⑶餓鬼有，⑷阿修羅有，⑸弗婆提有，⑹瞿耶尼有，⑺鬱單越有，⑻閻浮提有，⑼四天處有，⑽三十三天處有，⑾炎摩天有，⑿兜率天有，⒀

化樂天有，(14)他化自在天有，(15)初禪有，(16)大梵天有，(17)二禪有，(18)三禪有，(19)四禪有，(20)無想有，(21)淨居阿那含有，(22)空處有，(23)識處有，(24)不用處有，(25)非想非非想處。

《大般涅槃經》卷十四中說：「菩薩摩訶薩住無畏地，得二十五三昧，壞二十五有。」這是以六趣中的地獄乃至阿修羅四趣各為一有，將人趣之四洲開列為四有，天趣中的六欲天、四禪及四無色各為一有。另外，初禪開大梵為一有，四禪開無想、淨居二天各為一有，亦即將欲界分類成十種，色界分類為七種，無色界分類成四種存有。

人間

◆人所居住的界域

人間（梵 manuṣya）意指人所住的界域。為五趣、六道、十界之一。又稱人間界、人界、人趣、人道，或單稱人。如《長阿含》卷六〈轉輪聖王修行經〉中說：「一時，佛在摩羅醯搜人間遊行。」卷二十〈忉利天品〉云：「我昔於人間，身行善，口言善，意念善。」《中阿含》卷三十六〈聞德經〉中說：「天上人間七往來已，則得苦邊。」

人道的眾生具有什麼特色呢？《立世阿毗曇論》卷六中說人道的梵文具有八種含意：聰明、殊勝、心意微細、正覺、智慧增上、能分別虛實、能成為聖道正器、聰慧業所生。此外，其他的經論中也說由於人類具有思考的特色、憍慢的特質，而稱之為人。

人類居住在那裏呢？經中說人類的住處在「須彌四洲」，此指須彌南部的閻浮洲（或瞻部）、西部的瞿陀尼洲（即牛貨）、東部的弗婆提州（即勝身）、北部的跡單越洲（或俱盧）。《長阿含》卷十八〈閻浮提洲品〉、《起世經》卷一、《大毗婆沙論》卷一七二、《俱舍論》卷一等，都認為四洲之人的面貌類似各洲地形，即閻浮洲人呈上廣下狹形，瞿陀尼洲人呈半月形，弗婆提洲人呈圓形，跡單越洲人呈方形。又，《婆沙論》等，另說附屬八中洲住有短小之人。

四洲之人的壽量各各有別，依《俱舍論》卷十一等所說，跡單越人定壽千歲，瞿陀尼人壽五百歲，弗婆提人壽二五〇歲，閻浮提人壽無定，劫滅最後極壽十歲，劫初時人壽無量歲。

在《起世因本經》中說，人類的祖先是從光音天來的，當宇宙產生大爆炸之後，這時世界開始形成。大爆炸之後的地球溫度慢慢冷卻，漸漸凝融成固體。大爆炸的能量很光很亮、能量很高，有點像乳酪似的液態，看起來非常美麗。當時居住在光音天的天人，其中有些天福已快享盡了，定力變得較淺，容易受到外界誘惑，他們看到剛形成的地球，充滿了好奇，就從光音天來到地球上遊玩。看到清徹的水，忍不住喝了一口又一口。玩得累了，想回到光音天時，卻發現喝了水的身體，質素變粗重了，無法飛行，只好留在地球上，住了下來，成為地球上最早的人類。

一般人的觀念中，大多認為在六道中以天道最為殊勝，所以死後要上天堂，求生天道，然而，佛陀卻告訴我們：在六道中人間是最殊勝的，因為人間的環境最適合修行，最有機會開悟解脫。

因為天上的環境太享受了，壽命也長，不容易讓人生起苦迫的感覺，也不會想修行，容易耽於逸樂。地獄道的眾生忙著受苦，連喘息的機會也沒有，要等到業報盡了，才能轉生其他五道。畜生道幾乎是以本能的覓食、繁衍兩種目的而存在，餓鬼每日受著飢渴之苦，修羅的享受和天人一樣，心中卻一天到晚妒怨天人，發動戰爭，也無心修行。

由此可見，除了人道之外其他五道眾生的主體身心條件和客觀的環境，都不是適合修行的環境，人間苦樂摻半，不會太快樂的忘了修行，也不會苦得無法修行，壽命不會太長也不會太短，正是最佳的修道之處。因此，經典中說：「諸佛世尊皆出人間，終不在天上成佛也。」就是這個道理。

十二處（十二入）

◆身心的六根及所對應的六境

十二處（梵 dvādaśa āyatanāni），是佛教對宇宙萬象的一種分類。又譯為「十二入」或「十二入處」。所以「處」的梵文原意是指「所進入的場所」及「進入的東西」。

「所進入的場所」，就是眼、耳、鼻、舌、身、意等「六根」所進入的場所。「進入的東西」，則是六根所對應的色、聲、香、味、觸、法等「六境」，也就是進入六根之境。六根又稱為「六內處」，六境則是「六外處」，這內外各六處，合稱為十二處。

六根的每一根，與六境是各各相對的，由根與境的對應而產生了感覺與知覺的認識。

十二處的內容如下：

(1)眼處：又稱為眼根。所謂眼處，是外境的色法進來的門戶；所謂眼根，是指視覺能力或視覺器官（視神經）。「根」是能力的意思。通常提到眼，指的都是從外面看到的眼球，但是眼的本質是看東西的能力，即使有眼球而沒有見物能力的視神經的話，是不能叫做眼根的。

(2)耳處：又稱為耳根，是指聽覺能力或聽覺器官（聽神經）。

(3)鼻處：又稱為鼻根，是指嗅覺能力或嗅覺器官（嗅覺神經）。

(4)舌處：又稱為舌根，指味覺能力或味覺器官（味覺神經）。

(5)身處：又稱為身根，是指感覺到冷暖、痛癢、澀滑的觸覺能力或嗅覺器官，分布在身體皮膚的表面。

(6)意處：又稱為意根，這是指知覺器官所有的知覺能力，與前五處的感覺能力或感覺器官相對。所謂意根，可以說就是掌管知覺作用的心，但是在十八界中這個心與六識的關係異同是應該加以注意的。總之，意處指的就是意，在原始經典與部派佛教裏，將意視為與「心」、「識」為同者。

(7)色處：是指眼根的對象——色境，有顏色（顯色）與形狀（形色）兩種。

廣義的色是指全體物質。在這裏則是指狹義的色，只限於眼根所能看到的對象。在色處中，顯色是指色澤，即青、黃、赤、白等色；形色是指形狀，即長、短、方、圓等形。

⑻聲處：指耳根的對象——聲境，也就是人與其他動物從聲帶出聲，以及物質之間相互接觸摩擦所生的聲音，聲音可分為有意義與無意義兩種。

⑼香處：鼻根的對象——香境，也就是指氣味，有好香（好聞的味道）、惡香（不好聞的味道）、等香（有益的味道）、不等香（有害的味道）等。

⑽味處：是舌根的對象——味境。味有鹹、酸、苦、甘、辛、淡等等。「辛」是指刺激的味道，「淡」是平淡不強烈的味道。

⑾觸處：為身根對境的觸境，在「說一切有部」中，將觸境分為「能造的觸」及「所造的觸」。能造的觸是「地、水、火、風」四大種，所造的觸是四大種所造的觸，指滑性、澀性、重性、輕性、冷、飢、渴等種種觸覺的感受。

⑿法處：是意根的對象——法境。法是意識的對象，可以用心來思考，因此，存在與非存在，實法與假法，這一切都包含在法之內。

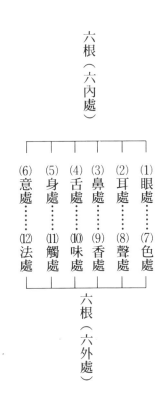

六根（六內處）	六根（六外處）
(1)眼處	(7)色處
(2)耳處	(8)聲處
(3)鼻處	(9)香處
(4)舌處	(10)味處
(5)身處	(11)觸處
(6)意處	(12)法處

十八界

◆六根對應六塵及了別的六識

十八界（梵 aṣṭādaśa dhātavaḥ），十八界是指六根、六塵加上六識，也就是以生命自身與外境接觸，及所產生的感受等三類來將宇宙的存在分成十八類。

這十八界分別是：眼界、色界、眼識界、耳界、聲界、耳識界、鼻界、香界、鼻識界、舌界、味界、舌識界、身界、觸界、身識界、意界、法界、意識界，也就是「六根」、「六境」和「六識」。

「界」有差別、體性、原因等意義，十八界就是把宇宙諸法分析成這十八種要素。

之前所說的六根加上六塵合稱為「十二處」，「處」有生長的意思，能使我們長養，引發我們的認識作用。十八界就是十二處再加上「六識」的了別作用。

十八界可以說是完整的呈現了我們對外境的一切認識作用背後各種相互依存的因

緣條件。我們的認識作用並非單獨存在的，而是要依靠因緣，一切因緣的相依相存才能造成我們的認識作用。

例如我們要看見一幅畫，必須要具備幾個條件：首先必須要有眼睛（眼根）、有這幅畫（色境），再加上心的認識了別（眼識），才能「看到這幅畫」。同樣的，眼、耳、鼻、舌、身、意等六根，也是要有色、聲、香、味、觸、法等六境，再加上眼識、耳識、鼻識、舌識、身識、意識等六識的了別作用，然後才能分別了知，形成各種認識作用。

從這樣的觀察中，我們會發現自身的存在是依據種種因緣而形成的，了悟到自身存在的虛幻不實，而悟入實相。

三界（欲界、色界、無色界）

◆這個世界所生活的三種界域

三界（梵 trayo dhātavaḥ）是指我們這個世界生所生活的三種界域——欲界、色界、無色界。欲界有天道、人道、畜生道、地獄道、餓鬼道、阿修羅道。

又天道可分六欲天，即四王天（持國天、增長天、廣目天、多聞天）、忉利天（又稱三十三天）、夜摩天、兜率天、化樂天、他化自在天。以地點來說欲界上自六欲天，中自人界之四大洲，下至無間地獄。其中四天王天在須彌山之半腹，忉利天在須彌山之頂上，所以此二者稱為地居天。兜率天以上住在空中，所以稱為空居天。欲界的眾生有淫欲、食欲二大欲望。

色界，在欲界之上。此界由禪定之淺深粗妙來分為四級，稱為四禪天。有身形宮殿。四禪天分別為：

一、初禪天：下分梵眾天、梵輔天、大梵天。

- 三界
  - 欲界
    - 六道
      - 天道
      - 人道
      - 修羅道
      - 畜生道
      - 餓鬼道
      - 地獄道
    - 六欲天
      - 四王天
      - 忉利天
      - 夜摩天
      - 兜率天
      - 化樂天
      - 他化天
    - 四部洲
      - 東弗婆提
      - 西瞿耶尼
      - 南閻正提
      - 北鬱單越
    - 四惡趣
      - 地獄趣
      - 餓鬼趣
      - 畜生趣
      - 修羅趣
    - 五趣
      - 天趣
      - 人趣
      - 畜生趣
      - 餓鬼趣
      - 地獄趣
  - 色界十八天
    - 四禪九天
      - 無雲天
      - 福生天
      - 廣果天
      - 無想天
      - 無煩天
      - 無熱天
      - 善見天
      - 善現天
      - 色究竟天
    - 初禪三天
      - 梵眾天
      - 梵輔天
      - 大梵天
    - 二禪三天
      - 少光天
      - 無量光天
      - 極光天
    - 三禪三天
      - 少淨天
      - 無量淨天
      - 遍淨天
  - 無色界四空天
    - 空無邊處天
    - 識無邊處天
    - 無所有處天
    - 非想非非想處天

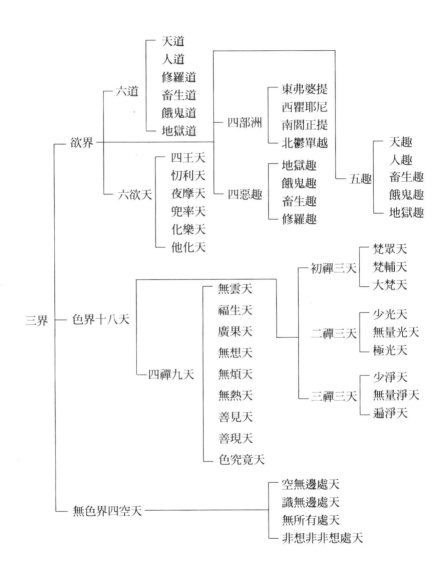

二、二禪天：下分少光天、無量光天、光音天。

三、三禪天：下分少淨天、無量淨天、遍淨天。

四、四禪天：下分無雲天、福生天、廣果天、無想天、無煩天、無熱天、善見天、善現天、色究竟天。

無色界，此界無身形無宮殿，只是心意識的相續或靜止，亦可說是在禪定中。其中有四：空無邊處、識無邊處、無所有處、非想非非想處。

三千大千世界（小千、中千、大千世界）

◆佛教的宇宙觀

三千大千世界（梵 tri-sāhasra-mahā-sā hasrāḥ loka-dhā tavaḥ）又稱為「三千世界」是指由小、中、大等三種「千世界」所成的世界，是古代印度人的宇宙觀。

在《俱舍論》卷十一中說：「四大洲日月，蘇迷盧欲天，梵世各一千，名一小千界，此小千千倍，說名一中千，此千倍大千，皆同一成壞。」這是以須彌山為中心，上自色界初禪，下至大地底下的風輪，其間包括四大洲、日、月、欲界六天及色界梵世天等為一小世界。而一千個小世界，名為一小千世界。

一千個小千世界，為一中千世界。一中千世界有百萬日月、百萬須彌山、百萬四天下、百萬六欲天、百萬初禪天和千個二禪天。中千世界一千個，稱為大千世界。一大千世界中有百億日月、百億須彌山、百億四天下、百億六欲天、百億初禪天、百億二禪天及一千個三禪天。據經典所述，此三千大千世界為一佛所化之土，故又稱一佛國。

上述由小千、中千輾轉集成的大千世界，謂之「三千世界」，或「三千大千世界」。是單指由小、中、大三個「千世界」而言，並不是指三千個大千世界。一個大千世界由一位佛陀教化。

三千大千世界是指一個佛土世界，有佛教化於其間三千大千世間，是依據因緣解說宇宙的現象，並非絕對的。三千大千世界的說法是依於印度教的宇宙觀，並加以昇華。因此以須彌山為中心，有日、月系統。

這套說法是依因緣而說的，不一定整個宇宙都是三千大千世界的型態，也不一定要以須彌山為中心，因為有些國土是沒有高山的，像極樂世界就是如此。日、月和我們的生活息息相關，像在海底的世界是看不到日光的，所以深海的動物是不需要眼睛的。所以這個說法是依據人類文化的發展、世事的因緣來解說的。

五蘊（色、受、想、行、識）

◆構成有情身心的五種質素

「五蘊」（梵 pañca skandhāḥ）是泛指一切的物質與精神，佛法中歸納有情的身心質素為五蘊——色蘊、受蘊、想蘊、行蘊、識蘊。五蘊亦稱為五陰，「蘊」有積聚的意思，即是同類相聚。五蘊大致可分為兩部分：一為物質，二為精神。

第一類是指物質的部分，如山河大地、宇宙萬物的存在，都屬於這個範圍，也就是五蘊中的色蘊。

佛法中所說的「色」，是有變壞、質礙的定義。佔有一定的空間，而且會變壞者，皆稱之為色。所謂變壞，就是變化性。亦即質礙、變礙諸法的類聚。在狹義方面，就是指肉體。

色蘊是依地、水、火、風四大要素所構成。這地、水、火、風，是指我們眼睛所見到的現象，如土地、雨水、燈火，或空中的風。地的特性是堅固性，水的特性是潮濕性，火的特性是溫暖性，風的特性是流動性，這些現象都是諸法形成的原動力和要素。

第二類是指內在的精神活動，其又可分為三種：

1.「受」是「領納」的意思，屬於情緒作用。無論是顯色、形色，乃至音聲等引起的反應，使精神上發生痛苦、喜樂等知覺的感受作用。

2.「想」是「取像」，即認識作用。由心攝取外境的意象而形成心的意象，由此作用而構成概念，進而安立語言系統或認識系統。

3.「行」是「作」的意思，主要是意志作用，對外境生起心想，經由心識的考慮決斷，賦予身心的行動。

受、想、行三者以心理學名詞來說，受與感情的作用相似，想與觀念的作用相似，行與意志（行）作用相似。

在反省觀察中可以發覺微細的作用，能明了識別這森羅萬象（色、受、想、行）是「識」的作用。識蘊即是眼識等諸識的各類聚合。

一般人讀誦《心經》的「五蘊皆空」時，很容易將此當是佛學用語，變成一種知識性質的認知，卻不知道這就是一種修行的觀察及實相。我們可以看看在原始佛教中，是如何看待五蘊的。在原始佛教中，觀察五蘊空寂，作正思惟而悟道的方法是《雜阿含經》中很重要的一部份，也就是「五陰誦」。

《心經》中所說的「照見五蘊皆空」，就是如實觀照現五蘊皆是緣起性空，此是觀照生命的種種現象都是變化無常的，而能夠容受一切變化無常的現象即是空的狀態，由此體解種種的生命現象都是處於空性的狀態中，由此而悟入實相。

六道（地獄、餓鬼、畜生、阿修羅、人、天）

◆六種生命的存有型態

六道是佛法將生命存有的型態，主要分為六種，也就是：地獄、餓鬼、畜生、阿修羅、人間、天上等六種世界。

其實，從佛法的觀點看來，宇宙中充滿了各式各樣的無盡生命。這無盡的生命，在宇宙中交互的影響、共生，開創出無邊幻化的法界眾相。

佛陀平等的觀察宇宙中的一切生命，並以大慈大悲的心意與無上的智慧，來幫助一切眾生昇華解脫。依佛法的觀點看來，所有的生命都是平等無二的，在本質上並沒有高低的差別。不過，由於因緣果報的關係，所以在現前的生命型態，卻有種種的不同。這些不同的生命樣態，顯示了各類生命苦樂悲喜的差別果報。

佛法中的六道分別是：

1. 地獄道：具足貪、瞋、痴法的人，在地獄受極苦的境界。就像是常做惡事

的人，夢中就會常常像在鬼獄之中，非常可怕，這就是地獄。而夢中所出現的中陰和地獄法界是一樣的。

2.餓鬼道：餓鬼道的生命，只要嘴巴一張開，裡面都是火燄，任何東西入口都變成火炭，無法吞食；其喉嚨細如針，肚子大如缸、如瓶，想吃卻吃不到，這是因為過去貪心所生。佛教在農曆七月十五的盂蘭盆節放焰口，就是要除去餓鬼們口中的火，使他們能夠吃下東西，因此用甘露來灑淨他們的焰口。

3.畜牲道：畜牲是因愚痴而受報，修持的機會很少，這是一個互相吞食的世界，不斷地輪迴受報。動物即是屬於此道。

畜牲道又稱作傍生、橫生、傍生趣。乃指鳥、獸、蟲、魚等一切動物。稱之為畜生，主要是指由人類畜養之意，主要指家畜家禽。而稱其為傍生，乃是因為其形體不如人之直位。畜生道的眾生，多是弱肉強食，受種種苦，而且常被天人、人類做為食物，或是驅使拖磨等工作，不得自由。

4.修羅道：修羅是有天的福報但是沒有天德的眾生，生性好鬥、好瞋。

5.人道：這是指我們人間，多是由受持五種戒行而得，人間苦樂相雜，常有不如意事，但至少能自作樂，仍是屬於善界，尤其珍貴重要的是在人間能夠修持。就佛法來看，天人證樂、修羅證瞋，而地獄、餓鬼、畜牲，則苦報熾盛。唯有人間能修持，所以人是六道眾生中的中流砥柱，是造業的主體。因此，要上升天界或下墮三惡道，都是在人間造作，其他各界則是受報的主體。甚至如快樂享福的天人也因受樂熾盛，而經常忘記去修持，生命反而不能增上。所以人間是最適合修行悟道的環境。

6.天道：天道中，有以修習各種善行的福德力而往生天界的生命，也有是以修習禪定而往生天界的，這是屬於色界天、無色界天，能得到天的福報、天的勝樂身。

六道中的差別果報，都是由因緣業力所成，並非本質上的差別，所以當這些業報緣盡之後，就會依另行現起的果報而轉換成其他的生命型態。因此這些生命型態，並非固定不變，而是在業力的轉動下，具有因緣的流動性，這就是生命輪迴力量的根源。

所以，宇宙中的一切生命型態，雖有種種苦樂差別果報，但這絕非生命本質的不平等，而是因緣業果的差別。當因緣業果轉變了，生命也就可能流轉成另一種生命型態，這就是生命輪迴的現象。除非生命解脫覺悟了，否則生命的輪迴現象，就不會終止。

因此，佛法對生命型態的分類，是在說明因緣業力的事實，與生命存有的實相，事實上這種種的生命型態，本質皆是平等無別的。

世界

◆眾生居住所依止之處

世界（梵 loka-dhātu），意義是「可毀壞的處所」，略稱為「界」，也就是眾生居住所依處，如山川國土等。

依《大樓炭經》、《長阿含》、《起世經》等所說，一個日月系統所照的四天下即一世界；一千個一世界為一小千世界；一千個一小千世界為一中千世界；一千個中千世界為一大千世界；此為一佛所化之土。

佛教的世界說，是以一須彌山世界為單位，合聚建立為一大千世界（因包含小、中、大等三種千世界，所以又稱三千世界），宇宙中存在無數個三千世界。

住在我們這個世界的生命，大致可分為地獄、餓鬼、畜生、阿修羅、人間、天界等六道。其中，地獄等五道有情所住的世界，名欲界。天界之中，有色天所住的世界為色界，無色天所住的世界名無色界。三界之外還有諸佛的淨土。

四生（卵、胎、濕、化）

◆四種生命出生的類型

佛教將各種生命的存有型態，依其出生的類型，主要分為四種類型，稱為「四生」（梵 catasro yonayaḥ）。在《俱舍論》卷八中記載，四生是指：

1. 卵生：由卵殼出生者，稱為卵生。例如：雞、鵝、孔雀、鴨、蛇、魚、蟻等。

2. 胎生：又稱腹生，是指從母胎而出生的，稱為胎生。如人、象、馬、牛、豬、羊、驢等，都是胎生。

3. 濕生：又稱「因緣生」、「寒熱和合生」。也就是由糞聚、注道、穢廁、腐肉、叢草等潤濕地的濕氣所產生者，稱為「濕生」。如飛蛾、蚊子就是。

以上，這三類的出生法，是古代對生命依出生的方式做約略的分類，在現代生物學中，可做更精密的分類。

4.化生：無所託而忽有，稱為化生。例如諸天天人、地獄眾生、中陰的眾生，都是由過去的業力而化生。極樂世界的眾生則是從蓮花中化生。

除了四生之外，還有所謂的「九類生」，是指欲界、色界、無色界等三界眾生出生的九種形態，這九類生就是除了以上的四類生之外，再加上：5.有色（色界），6.無色（無色界），7.有想天（無色界中除無想天以外的其他諸天），8.無想天（無色界中的無想天），9.非有想非無想天（非想非非想處）等生命出生型態。

在《金剛經》中說：「所有一切眾生之類，若卵生、若胎生、若濕生、若化生、若有色、若無色、若有想、若無想、若非有想非無想，我皆令入無餘涅槃而滅度之。」其中就是以九類生來代表一切生命界，在佛法的觀點中，無論是哪一種生命發生的型態，都是平等而無分別的，皆能悟道入於解脫涅槃，乃至圓滿成佛。

四食（段食、觸食、思食、識食）

◆可以資養生命的四種食物型態

四食（梵 catvāra āhārāḥ、āhāra-catuṣks），是指可資長養育有情生命的四種食物或精神作用——段食、觸食、思食、識食。「食」是資益增長的意思，能讓有情維持延長其生命，而且擴展長大。凡有資益增長作用的，都可以稱為食。所以《阿含經》中所說的食，並不限於四食，四食是將資益有情身心作用最強盛的，特別的總括為四類。

1. 段食：又作摶食、揣食、見取食、粗摶食，即指肉、菜等一般的食物，以香、味、觸為體，由於可用口鼻分段飲食，以滋養身心，所以稱為段食。段食是物質的食料，可分為多少餐次段落的，所以叫段食。

此外，段食可分粗、細二種，如飯、麵、魚、肉等稱為粗摶食；酥油、香氣及各種飲料等是細食。《俱舍論》更說光、影、火、風等雖不能飲噉，但能長養生命，因此亦屬於細食。

2.觸食：又稱作細觸食、細滑食、溫食、更樂食、樂食，即指感覺。這是有雜染的根、境、識和合所生之諸觸，對其所取之境產生喜樂等覺受，而攝益心、心所。由之長養諸根大種，所以稱之為食。

觸是六根引發六識，認識六塵境界的觸。根、境、識三者和合時所起合意的感覺，叫「可意觸」；生起不合己意的感覺，叫「不可意觸」。從這可意、不可意觸，生起樂受、苦受等。觸食所指的主要為可意觸，合意觸生起喜樂受，即能資益生命力，使身心健康，所以觸食也是維持有情延續的重要因素。如修定的人，得到定中的喜樂內觸，出定後身心輕安，雖飲食減少，睡眠減少，而身心還是一樣的健康。又如按摩，可以促進身體的健康，也可說是觸食的作用。

3.思食：又作念食、意食、意思食、意念食、業食。指意業或意念。即此有漏的意業與欲望俱轉，而生起希望之念，能招引當有之果，使有情滋長相續。《長阿含經》中說：「有眾生因念食得存，諸根增長，壽命不絕。」意思是「意欲欲思願」，即思心所相應的意欲。意思願欲，對於生命的延續，有強大的作用。像臨終的人，每每為了盼望親人的到來，又延續了一些時間的生命，所以意思也成為有情的食。

在《俱舍論》中舉了一個例子，如商人遇到海難，飲水食物都用盡了，遠遠看見堆積的海浪泡沫，以為是海岸，快到陸地了，就拚命向前，生命因此延長，後來發現不是陸地，希望斷絕，很快的就死了。這都說明了思食對生命延續的重要性。

4.識食：指六識由段、觸、思三食的力量能生起當有之果，執持身命不壞，所以稱之為食。地獄眾生與無色界就是以識為食。

能資養身心的東西很多，但以上四類是最主要的，所以特別立為「四食」。其中，段、觸二食以資益生命現前的身心，思、識二食則以能引生後續的存有為特性。

四食之中，段食唯獨欲界的生命有，其餘三食則是欲界、色界、無色界的眾生都有。

生死

◆出生與死亡，或指生死輪迴

生死有兩種意義，一是指生命的出生與死亡，一是指生命的生死輪迴。

㈠指有情的出生與死亡（梵 jāti-mara-ṇa），是指生、老、病、死四相中的最初與最後。

佛法將出生與死亡的苦痛，列為四苦或八苦之一。而依生命出生的形態，可分為：胎、卵、濕、化等「四生」；死亡的類別則分成「命盡死」（自然死亡）、「外緣死」，也就是自然死亡與遭到天災人禍等意外而死亡二種。

除了這種一期生命的生死之外，我們現前生命的心念生住異滅也是一種生死相，相對於一期生死而稱為「剎那生死」。

㈡指生死輪迴：（梵 saṃsāra），意譯輪迴、生死，相對於涅槃而言。這是凡夫由於有漏或無漏的業因而生死相續，流轉不止。

二種生死指的是「分段生死」與「變易生死」。

⑴分段生死：又稱「有為生死」，指凡夫因有漏善惡之業，在三界六道輪迴所受的肉身生死。肉身有美醜胖瘦高矮的差別，分分段段得生死，所以稱為「分段生死」。

⑵變易生死：又稱「不思議變易生死」、「無為生死」。這是指阿羅漢、辟支佛、大力菩薩等超越三界輪迴的聖者，依無漏解脫的大願所感得的細妙殊勝依身之生死，因將分段粗劣身改轉變易而得不思議身，所以稱為變易生死。

《成唯識論》卷八中則分別分段生死與變易生死的不同：「分段生死」是由煩惱、業障所招感的色身，隨不同的因緣而有不同壽命，隨業力而定。而「不思議變易生死」，則是由於悲願力來改變轉動色身壽命，並非被業力所限，所以稱為「變易生死」。

有情（衆生）

◆泛指一切生命

有情（梵 sattva），指一切有感情、意識的生物，「非情」則是指草木、山河、大地等。音譯為「薩多婆」、「薩埵」，舊譯為「眾生」。

有情又稱為「眾生」，一般而言，眾生是指具足無明煩惱、流轉生死的凡夫，但是如果就廣義而言，也包括佛及菩薩。例如，在《大智度論》卷二中就說：「如諸法中涅槃無上，眾生中佛亦無上。」

眾生又有：「與眾共生」、「受眾多生死」的意義，也有說是「眾緣和合而生」，是由地、水、火、風、空、識等六大，及名色、六入等十二因緣而生。而在《不增不減經》中，則說眾生是：「法身為煩惱所纏，往來生死」的意思。

劫

◆佛教中的時間單位

劫（梵 kalpa），是佛教中的時間的單位，是指很長很長的時間單位，經中說是一座高山自然風化消失，夷為平地那麼久的時間。

劫依長短又可分為小劫、中劫，大劫。小劫，一增劫和一減劫稱為一小劫。增劫，人壽自十歲起，每過一百年增加一歲，到八萬四千歲的時候，叫增劫。減劫，人壽自八萬四千起，每過百年減一歲至十歲的時候，叫做減劫。

增劫的意思是我們的壽命不斷的增長，用現代的話來說就是增加壽命的時代，減劫就是減少壽命的時代。雖然說是百年增一歲，百年減一歲，但宇宙並沒有這麼固定的變化。這是從一個很簡單的規則來觀察大變化，所以稍微的出入是有的，但大規模來看就是這樣的趨向。一增一減總共是一千六百八十萬年，這是一個小劫。

中劫，合二十個小劫就成為一個中劫，有三億三千六百萬年。大劫，合四個中劫為一個大劫。四中劫，一是成劫，一是住劫，一是壞劫，一是空劫。合此四中劫，總共有十三萬四千四百萬年。

成劫，是宇宙生成的時節。住劫，即是這器世間和有情世間安穩存住之時。壞劫，其最初的十九增減劫時，會有刀兵災、疾疫災、飢饉災以壞有情世間，最後一增減劫則有火災、水災、風災來破壞整個世間。

空劫就是在壞劫之後，空無一物的時劫，亦即世間消失了，整個進入於空。法界中的世界都是依成、住、壞、空來輪轉而成立、變化。「成」是宇宙生成，「住」是眾生安住，「壞」是世界變壞，「空」是世界消失，回到空寂的狀況。如此週而復始。

「劫」在中國常被誤用，例如劫難、逃過一劫、劫數。其實，劫是個時間單位而已，在這一個時間單位中會有很多變化，依變化而分出幾個段落。世界相續的變化是無常的現象。這相續的變化在佛法中用「劫」來表達。

須彌山

◆佛法宇宙觀中世界中央的高山

須彌山（梵 Sumeru-parvata），在印度的宇宙觀中，須彌山是屹立於世界中央金輪上的高山，或譯作「須彌樓」、「修迷樓」、「蘇迷盧」，略稱「迷盧」（Meru）。意譯「妙高」或「妙光」。

相傳此山有七山七海繞其四周，入水八萬由旬，出於水上高八萬由旬，縱廣之量亦同。周圍有三十二萬由旬。由四寶所成，北面為黃金、東面為白銀、南面為琉璃、西面為頗梨。而須彌山四方的虛空色，也由這些寶物所反映。

七金山與須彌山間的七海（內海），充滿八功德水，七金山外隔著鹹海（外海）有鐵圍山，鹹海中有鬱單越（北）、弗婆提（東）、閻浮提（南）、瞿耶尼（西）四大洲，也就是所謂的「須彌四洲」。

在上列諸山中，須彌山及七金山皆為方形，只有鐵圍山是圓形。以上九山、八海由三輪所支持。風輪在最下，其量廣無數，厚十六億由旬。其上有水輪。水輪上部則凝結成金輪。水、金二輪深度共達十一億二萬由旬，下方八億由旬是水輪。而兩輪之廣，直徑十二億三千四百五十由旬。

最初，由於有情業增上力，風輪生，依止於虛空，又依有情之業力，大雲雨起，澍風輪上，積為水輪，又因業力風起擊水，上部結為金輪。這是有情的依處，即器世間，住在此間的有情有天、人、阿修羅等六趣。

諸天中有地居天、空居天之別，六欲天中的忉利、四王二天屬地居天位，忉利天位於須彌山頂上。四王天位於須彌山的第四層級。又須彌山的第三層級以下，有四王天的眷屬夜叉神止住。七金山以及日輪、月輪的宮殿內，也有四王天的眷屬止住。六欲天（欲界）上面的色界四禪十六天，其上更有無色界四天。

依上述三輪的支持，由九山、八海、四洲構成的國土，稱為一世界或一須彌世界。一千個須彌世界稱為中千世界，一千倍的中千世界稱為大千世界。由於有小中大的區別，所以總稱為三千大千世界，此即為一佛的化境。此世界乃是為六趣二十五有界的有情作依止，相對於有情世間，而稱為器世間。

在六趣中，地獄（奈落）在南閻浮洲下一千由旬至四萬由旬間，有等活地獄至無間地獄的八熱地獄。阿修羅趣以須彌山麓與須彌海為本處，又遍佈在各處，經常和忉利天、四王二天發生戰鬥。人趣居四大洲及其眷屬八洲，但南洲所屬的遮末羅洲，是羅剎的住處。四王、忉利等六欲天，及色界、無色界都是天趣的住處。

娑婆世界

◆我們所居住的這個世界

娑婆（梵 sahā），即娑婆世界，也就是我們所居住的這個世界，意譯為「堪忍」、「忍」、「能忍」、「雜會」、「雜惡」或「恐畏」等。指釋迦牟尼佛所教化的佛土，也就是我們所居住之此一世界。

《阿彌陀經》中說：「釋迦牟尼佛能為甚難希有之事，能於娑婆國土五濁惡世劫濁、見濁、煩惱濁、眾生濁、命濁中，得阿耨多羅三藐三菩提，為諸眾生說是一切世間難信之法。」

而在《悲華經》卷五中也說，這個世界稱為娑婆世界的原因：「此佛世界當名娑婆，何因緣故名曰娑婆？是諸眾生忍受三毒及諸煩惱，是故彼界名曰忍土。」這是說明我們這個世界被稱為「娑婆世界」的原因，是指這個世界無論是眾生的身心條件或是外在環境都很惡劣，而此地的眾生竟然能忍受安住，而被稱為「堪忍」世界。

娑婆世界有那些惡劣的條件呢？依《阿彌陀經》所說為劫濁、見濁、煩惱濁、眾生濁、命濁。劫濁是指這個世界正處於混亂不安的因緣時節，見濁是指這個世界的人邪見增盛，煩惱濁是指這裏的眾生受貪、瞋、痴三毒煩惱侵擾，接受邪法，眾生濁是指這個時代的眾生人際關係混亂惡劣，人與人之間彼此攻詰、不信任，命濁是指這個世界的眾生壽命短促，可以說是一個苦迫熾盛的世界，因此，被稱為「娑婆」（堪忍）世界。

第八章 煩惱相關名詞

二障

◆妨礙解脫的二種障礙

二障是指妨礙解脫的兩種障礙，一般常見的有下列幾種說法：

一、指煩惱障與解脫障：解脫障又稱作「不染無知定障」、「定障」、「俱解脫障」。「煩惱障」是指能使眾生流轉生死的煩惱障礙。「解脫障」能障礙一切定，使其不自在。慧解脫者唯憑藉慧力，於煩惱障得解脫，而俱解脫的人則是先藉慧力解脫煩惱障，又證得最高禪定境界滅盡定而消除解脫障。

二、指煩惱障與所知障：煩惱障是心法中的各種煩惱，以其能虛空發業潤生的作用，擾惱有情，使其流轉生死，障礙涅槃之果，所以名為煩惱障，以我執等一百二十八種根本煩惱，以及等流等二十種隨煩惱為其主體。這種說法出自《成唯識論》卷九。

所知障則是指對於所知境的障礙。這種障礙並沒有發業潤生的作用，也就是不會直接使我們生起另外的煩惱，但卻能覆蓋障礙一切所知的境界而使其昏昧不明，障礙菩提之果，所以名為「所知障」。指法執等一二八種根本煩惱，以及等流等二十種隨煩惱

三、指煩惱障與三昧障：煩惱障是見思之惑，如果斷盡此障，則能心空寂而得無諍三昧。三昧障是於無諍三昧心生取著之惑，如果不離脫此障，則障礙真實的無諍之昧，而不名為無諍三昧。若能離脫，則名無諍無諍行。這種說法出自天親《金剛般若波羅蜜經論》卷上、《大明三藏法數》卷七。

四、指理障與事障：這是指能障正知見之惑名為「理障」，而令生死相續之惑為「事障」，相當於煩惱障，這種說法原出於《圓覺經》卷下。

五、指內障與外障：起於眾生內心的煩惱，稱之為內障；來自外界的障礙則稱為外障。

十不善業（十惡）

◆十種能招感苦果的惡業

「十不善業」又名「十惡」（梵 daśakuśala-karma-pathani），由於此等行為能招引可厭之果之不善法，有違理背法、違損自他，與貪瞋等煩惱相應、障害聖道等性質，因此稱為惡業，《俱舍論》卷十六中說：「由此能感非愛果故，是聰慧者所訶厭故，此行即惡，故名惡行。」

是指由身、口、意三業所起的十種非理損人之業，與「十善」相對，又稱十惡業、十惡道業。即殺生、偷盜、邪淫、妄語、兩舌、惡口、綺語、貪欲、瞋恚、邪見。

依《大乘義章》卷七、《法界次第》卷上等所述，「殺生」指斷其他有情之命；「偷盜」指盜取他人財物；「邪淫」指對非己妻妾行違法之行；以上三種是身業惡行。

「妄語」是指以言誑他；「兩舌」謂以言語挑撥離間；「惡口」是以粗惡之言，惱怒他人；「綺語」謂以乖違道理的巧言，令他人好樂，以上四種屬口業惡行。

「貪欲」謂染著順情之境，心無厭足；「瞋恚」是指對忿怒違境，心不能平；「邪見」謂否定因果，抱持僻見，心無正信，以上三種為意業惡行。

前述十種皆是乖違真理，損毀自他，因此名為十惡。

佛法中，嚴重的惡業可分為五惡、五逆、十惡業等種。「五惡」，指為五戒所禁止者，即殺生、偷盜、邪淫、妄語、飲酒。「五逆」，一般指殺母、殺父、殺阿羅漢、出佛身血、破壞僧團和合，以此種行為能令人落無間地獄，所以稱為「五無間業」，又作「五不救罪」。

三業（身、語、意）

◆指身、語、意三業

三業（梵 triṇi-karmāṇi）指身業（kā ya-karman）、口業（vā k-k.）、意業（manas-k.）：身業是身所作業，即行為；口業指口所說業，即言語；意業是意所起業，即心念。

此三業之所造，又可分為善、惡、無記三種類。惡的三業中，如殺生、偷盜、邪淫屬身業；妄語、綺語、兩舌、惡口 之類屬口業；貪欲、瞋恚、邪見屬意業。善的三業中，不殺生等屬身業，不妄語等屬口業，不貪欲等屬意業。而無意、無惡、無感果之力者，是無記業。

身、語、意三業，特別是人類造作力量的主體。身體的力量、語言的力量、意識思惟的力量，身語意三業的力量，是使人類能夠在生命界（地球）造成領導力量的主要根源，也是所有人類生命中造作善與惡的根源。這三部分在人類身上是十分特殊的，這與其他生命體有所不同。在身體方面，其他動物雖然比我們強壯，卻無法像人類一般靈活，能使用各種工具，只是很本能的生存。

在語言方面，雖然其他動物有他們特殊的傳遞方式，但這種語言的力量不如人類語言的力量大。尤其是人類能夠組織語言和別人溝通，甚至用語言傷害別人或是用語言使人歡喜等等。另外，我們在意識上的了知能力、判別能力、思維能力都和其他動物不同。所以，身、語、意三業可以說是造成人類生命造業的主體。

三毒（貪、瞋、痴）

◆生命的三種根本煩惱

三毒是指毒害生命自身的三種煩惱——貪、瞋、癡。又作「三火」、「三垢」、「三縛」。這三毒是指：貪毒，指貪取一切順情之境。瞋毒，是對一切違逆心意之事生起瞋怒。癡毒，是指迷困一切事理之法，無法了知實相。這三種煩惱，是一切煩惱中最為猛利的，為一切煩惱之根本，能在長久的劫中毒害眾生身心，所以稱之為「三毒」。

《有部毗奈耶》卷三十四中的五趣生死輪迴圖，以鴿形表多貪，蛇形表多瞋，豬形表多癡，說明五趣生死之開展乃由此三毒。除了一般凡夫的三毒，此外二乘及菩薩也有三毒。二乘的三毒，是指二乘人欣涅槃（貪）、厭生死（瞋）、迷中道（癡）。菩薩之三毒，指菩薩廣求佛法（貪）、呵惡二乘（瞋）、未了佛性（癡）。由此可見，隨著修行境界的不同，三毒的顯現形式也不同。

五下分結

◆指欲界衆生的五種煩惱

五下分結（梵 pañcaāvarabhāgiya-saṃ yojanāni），指繫縛有情於欲界的五種煩惱。所謂下分，即下界，是相對於色、無色的上界，而指欲界的下界。具名五順下分結，略稱五下結或五下。《俱舍論》卷二十一中說：

⑴貪結：指貪欲的煩惱；⑵瞋結：指瞋恚的煩惱；⑶身見結：指我見的煩惱；⑷戒取結：指取執非理無道邪戒的煩惱；⑸疑結：指懷疑實相之理的煩惱。

這五下分結中，又以貪結、瞋結最為嚴重，欲貪、瞋恚二結如守獄卒，令愚夫異生禁錮於欲界的牢獄中。所以欲界所繫的煩惱雖多，但仍以這五種煩惱為主要的煩惱。

五上分結

◆指色界、無色界眾生的五種主要煩惱

五上分結（梵 pañca ūrdhvabhā giya-saṃyojanani），指色界、無色界眾生的五種主要的煩惱。結是煩惱的異名；分是差別之意，用以顯上、下界別，故上分即上界，而上界是色、無色二界的合稱。五上分結，具名五順上分結，又略稱五上結或五上。分別是：

⑴色愛結：指貪著色界五妙欲的煩惱。

⑵無色愛結：指貪著無色界禪定境界的煩惱。

⑶掉結：指二界眾生心念掉舉而退失禪定的煩惱。

⑷慢結：指二界眾生仗恃自身色身、生活受用條件優越，凌他憍慢的煩惱。

⑸無明結：指二界眾生癡闇不明正法的煩惱。

這五種無明煩惱是色界和無色界眾生主要的煩惱。

五欲（色、聲、香、味、觸）

◆五根接觸外境生起的五種情欲

五欲（梵 pañcak āmāḥ），指人的眼、耳、鼻、舌、身染著色、聲、香、味、觸五境而生起的五種情欲。又稱為「五妙欲」、「五妙色」。《佛遺教經》中，佛陀就曾教誨比丘應安住於戒，以制止五根，不於五欲中放逸。說：「汝等比丘，已能住戒當制五根，勿令放逸入於五欲。」

⑴色欲：指愛著於男女之端莊形貌及世間寶物等種種妙色。⑵聲欲：指愛著於嬌媚的音聲言詞、各種美妙的音聲等。⑶香欲：指愛著於氣味芬芳之物，以及男女身體之香等種種美好的氣味。⑷味欲：指愛著於酒肉珍餚等各種的美食。⑸觸欲：指愛著於冷暖細滑、輕重強軟、名衣上服、男女身分等觸感。由於這五欲能破壞修道，如箭害身，所以經中以五箭來比喻。在《大智度論》中將五欲比喻如逆風拿火炬，如踏到毒蛇，但世人愚痴貪著，至死不捨，以至於世受無量苦。

五蓋（貪欲、瞋恚、惛眠、掉舉、疑）

◆五種覆蓋善法的煩惱

五蓋（梵 pañca āvaraṇāni），蓋是覆蓋之意，指覆蓋心性，使善法不能生起的五種煩惱。

這五蓋分別是指：1.貪欲蓋，執著貪愛五欲之境，無有厭足，而蓋覆心性。2.瞋恚蓋，於違情之境上懷忿怒，亦能蓋覆心性。3.惛眠蓋，又作睡眠蓋。惛沈與睡眠，皆使心性無法積極活動。4.掉舉惡作蓋，又作掉戲蓋、調戲蓋、掉悔蓋。心之躁動（掉），或憂惱已作之事（悔），皆能蓋覆心性。5.疑蓋，於法猶豫而無決斷，因而蓋覆心性。

其實，一切煩惱都有覆蓋義，五者於無漏的身心五蘊的因緣，特別能成為障礙，即貪欲與瞋恚能障戒蘊，惛沈與睡眠能障慧蘊，掉舉與惡作能障定蘊，疑者疑於四諦等真實理，因此特別立此這五種煩惱為「五蓋」。

我

◆指恆常不變，能自在主宰的概念

我（梵 ātman），原指印度宗教或哲學中所述之其體常一，能自在作用的個人或宇宙。「ātman」一語，在梵文的原意為「氣息」，後來轉成「靈魂」及「我」。

佛法中說的「我」，具有恆常不變，能自在主宰的含義，亦即將有自在作用的常一之物稱為「我」，分別此我的心之作用稱為「我見」。

既有我見，必認識我所有之物，作此分別，稱為「我所見」。與此見相應的心、心所稱為「我執」，是一切煩惱的根本。就性質而分，可分為「分別起」、「俱生起」等兩種。由邪師、邪教、邪思惟而執有我的存在，稱為「分別我執」；由無始以來的迷妄慣習，與身生共執自我，稱為「俱生我執」。

「我見」，指執著有實在不變之我的錯謬執著；「我所見」，指執著於自己所擁有的一切，如：房子、金錢。事實上，「我」是色、受、想、行、識等五蘊和合而成，其與附屬於此我身的擁有物都是不實在的，但是由於心的迷執而以之為實有，一切煩惱也由此而生。

除了我之外，佛法中又將一般人的執著區分成對自我身心的執著及對一切事物現象的執著，稱「人我執」、「法我執」，又名「人、法二我」、「生我、法我」。一般人心中的個體是為「人我」，除此之外，一般又以為一切法，也就是一切事、物、現象都是實有本體，此稱為「法我」對無常之萬法生起常的妄想，而生起種種煩惱。

客塵煩惱

◆如塵埃能染污心性的煩惱

客塵煩惱（梵 akasmāt-kleśa），是煩惱的別稱，為「自性清淨」之對稱。有時也單稱「客塵」。這是由於煩惱並非心性本有之物，乃是由於外緣而起，就像客人一樣，所以稱為「客」；又因為煩惱能污染心性，猶如塵埃之污染萬物，所以稱為「塵」。

在《勝鬘經》〈自性清淨章〉中說：「此自性清淨如來藏，而客塵煩惱上煩惱所染」《大乘入楞伽經》卷五〈剎那品〉中也說：「此如來藏藏識本性清淨，客塵所染而為不淨。」這都是說，眾生體性本來自性清淨，只是因為客塵煩惱所染污。

無明

◆一切煩惱的根源

無明（梵 avidya）是指於法無所明了，「明」是智慧、學識，因此，「無明」的語意就是無智，因而生起種種煩惱。

有時無明也指煩惱，因為眾生的煩惱都是由於不明實相之理所生起的，也可說是無明。此外，無明有時是特別指煩惱的現象生起之前的根本無明，能使眾生生起煩惱、流轉生死的根本力量。在生命流轉的十二因緣中，「無明」就是輪迴的根本因緣。

歸納經中所說，無明大致有下列幾種意義：

一、指最深的煩惱，迷妄的根源。十二因緣的第一支，是造成生、老、病、死等一切苦的原因。無明若滅，吾人之苦即可消滅。

二、指說一切有部所說的大地煩惱之一，唯識學派以上為根本煩惱之一。又稱癡煩惱。指由於迷妄而不能理解真實的事物。分為與根本煩惱相應而起的相應無明，以及單獨而起的不共無明。

唯識學派另分無明為「隨眠無明」與「纏無明」。前者指常隨有情，隱眠於阿賴耶識中的無明種子。後者指無明之現行，繫縛眾生，繫著生死使之不得出離。

三、指不能了達法界實相，與心的本性不相應，忽然生起種種煩惱，如《大乘起信論》所說：「以不達一法界，故心不相應，忽然念起名為無明。」

結使

◆使衆生不得出離生死輪迴的煩惱

結使是指能夠束縛衆生的心、結集生死，而使衆生不得出離生死輪迴的煩惱。

這類深層的煩惱有那些呢？在《中阿含經》說：衆生有慳、嫉二結，《雜阿含經》說衆生有愛、恚、無明三結，《增一阿含經》卷十七說衆生有身邪、戒盜、疑三結，《增一阿含經》卷二十說衆生有欲、瞋恚、愚癡、利養四結，《中阿含經》卷五十六說衆生有貪、瞋、慢、嫉、慳五結。《辯中邊論》中說衆生有愛、恚、慢、無明、見、取、疑、嫉、慳九結。這些結使都是繫縛衆生的身心，使衆生永遠沈淪於生死流轉的煩惱。

衆生生死流轉的主因是「業」，而諸結為它的增上緣。衆生的生死流轉，不出乎這個世界，由於衆生自身的造業不同，對它的感受也不一樣。這世界大致上可分為欲界、色界、無色界等三界。其中欲界的身心煩惱較為粗重，又叫做「下界」，相對而言，色界與無色界的眾生身心的質素較輕，煩惱也較欲界薄，又叫做「上二界」。在三界中，有五種結是束縛眾生在欲界中的煩惱，有五種結是束縛眾生在色界與無色界的煩惱要素，分別稱為「五下分結」與「五上分結」。

愛（渴愛）

◆指強烈的渴愛、欲求，使生命輪迴流轉的力量

愛（梵 tṛṣṇā）十二因緣之一，又名「愛支」，也譯為「渴愛」，意思是指如渴者求水般激烈的欲求。緣認識了別而起的苦樂等感受，這種感受一生起，對苦受就有憎避的強烈欲求；對樂受就有愛求的熱望，這些強烈的欲求或熱望，即是愛。

此處的愛可分為三種，即：欲愛、色愛、無色愛。亦即為欲界苦所逼惱，於樂受所生欲愛，於色界初二三禪之樂受及第四禪非苦樂受所生色愛，或唯於無色界非苦樂受所生無色愛，是為愛支。

此外，愛有時也指「愛結」，又譯為「隨順結」，是指染著境的貪煩惱。

《大般涅槃經》卷十三以四諦中的集諦（苦的原因）為愛，而有二種、三種、四種、五種之別，經中說：愛有二種：一是己身，二是愛外在所須稱為「愛

所須」。後者又可分為二種，一種是在五欲的需求上想要卻得不到，另一種是得到之後緊緊抓住，害怕失去。

此外經中又說：「出家之人有四種愛，何等為四？衣服、飲食、臥具、湯藥。復有五種，貪著五陰，隨諸所須，一切愛著。」

由以上的敘述可知，所須愛是指對生活中所須之一切的貪愛執著。然而，愛除了染污義之外，也有不染污義，此處的愛（梵 preman、priya）指以不染污心愛樂佛法或師長。《大毗婆沙論》卷二十九中說：「愛有二種：㈠染污謂貪，㈡不染污謂信。」《俱舍論》卷四：「愛謂愛樂，體即是信。然愛有二：㈠有染污，㈡無染污。有染謂貪，如愛妻子等。無染謂信，如愛師長等。」然而，在佛法中的「愛」大多是指煩惱貪著為主要意義。

煩惱

◆使身心紛擾不寂靜的各種心理作用

煩惱（梵 kleśa）指惱亂身心，使身心不寂靜的各種心理作用，與「隨眠」（anuśaya）相同。也有將兩者細加分別者，認為潛在的煩惱稱為「隨眠」，顯在表面的煩惱稱為「纏」（paryavasthāna）。

煩惱的種類有很多，大致上可分為有「迷理」與「迷事」二種。「迷理」即「見惑」，指迷於四諦之理，為見道所斷之煩惱；「迷事」即「修惑」，指迷於物之事相，為境界所逼的煩惱，為修道所斷。見惑、修惑中又總有貪、瞋、癡、慢、疑、見六種，為諸惑之根本，所以稱為「根本煩惱」，或稱「六隨眠」。「貪」是指對喜愛對象的貪著，「瞋」是對不順心己意的對象生起瞋怒排拒之心，慢是自高輕慢，「無明」在此可視為「愚、痴」，不知實相之理，「見」是各種錯誤的知見，使人誤入歧途。「疑」是對實相因果等懷疑不信。

而從此等根本煩惱等流而出的染污心所，稱為「隨煩惱」，或稱「枝末惑」、「隨惑」，有放逸、懈怠、不信、惛沈、掉舉、無慚、無愧、忿、覆、慳、嫉、惱、害、恨、諂、誑、憍、睡眠、惡作等十九種。

附錄：本書名詞索引

佛教小百科40

佛教的重要名詞解說

主　　編　全佛編輯部
策畫監修　洪啟嵩
執行編輯　蕭婉甄
校　　對　劉詠沛
出　　版　全佛文化事業有限公司
永久信箱：台北郵政26-341號信箱
訂購專線：(02)2913-2199
傳真專線：(02)2913-3693
發行專線：(02)2219-0898
匯款帳號：3199717004240 合作金庫銀行大坪林分行
戶　　名：全佛文化事業有限公司
E-mail：buddhall@ms7.hinet.net
http://www.buddhall.com
門　　市　新北市新店區民權路95號4樓之1（江陵金融大樓）
門市專線：(02)2219-8189
行銷代理　紅螞蟻圖書有限公司
台北市內湖區舊宗路二段121巷19號（紅螞蟻資訊大樓）
電話：(02)2795-3656
傳真：(02)2795-4100

初版一刷　2004年09月
初版六刷　2015年07月
定　　價　新台幣380元
I S B N　978-957-2031-53-7（平裝）

國家圖書館出版品預行編目資料

佛教的重要名詞解說 / 全佛編輯部編著.--
初版. --新北市：全佛文化, 2004〔民93〕
面；　公分. －(佛教小百科；40)
含索引
ISBN 978-957-2031-53-7(平裝)

1.佛教 - 字典，辭典
220.4　　　93015063

Buddhall